人 文 中 国 书 系

中国字

韩鉴堂 著

五洲传播出版社

图书在版编目（CIP）数据

中国汉字 / 韩鉴堂著. -- 北京：五洲传播出版社，2023.1

ISBN 978-7-5085-4950-7

Ⅰ.①中… Ⅱ.①韩… Ⅲ.①汉字－通俗读物 Ⅳ.①H12-49

中国版本图书馆CIP数据核字(2022)第222876号

中国汉字

编 著 者：韩鉴堂
责任编辑：黄金敏
特约审校：侯　明　毕艳莉
图片提供：韩鉴堂　王德全　周万萍　吴礼冠　CFP视觉中国
整体设计：刘　鹏
出版发行：五洲传播出版社
地　　址：北京市海淀区北三环中路 31 号生产力大楼 B 座 6 层
邮　　编：100088
发行电话：010-82005927　010-82007837
网　　址：http://www.cicc.org.cn　http://www.thatsbooks.com
印　　刷：北京市房山腾龙印刷厂
版　　次：2023 年 1 月第 1 版第 1 次印刷
开　　本：155×230 mm　1/16
印　　张：10
字　　数：90 千字
印　　数：1-2000
定　　价：68.00 元

目　录

文字的出现

　　文字是人类文明的重要标志。最早的文字首先出现在世界东方的几个文明古国。和象形的古苏美尔文字、古埃及文字、古印度文字一样，中国人最早造出的汉字也是图画似的象形字。这几种文字是同样的古老，然而命运却不同。在历史的进程中，古苏美尔文字、古埃及文字和古印度文字相继消亡……还好，汉字留存了下来，并融入了信息化时代，得到了更广泛的传播。

大河文明的表意文字

　　文字是人类文明的重要标志，它总是诞生在由蒙昧通向文明的那一刻。最早的文字，就出现在闪耀着大河文明光芒的几个东方古老国家。

通向文明的时刻

　　大体说来，世界上的文字有两种，一种是表意文字，一种是表音文字。世界上最早出现的文字——东方民族的古老文字，从图画发展而来，属于表意文字。大约在5500年前，底格里斯河和幼发拉底河流域（美索不达米亚）的苏美尔人在泥板上压印了楔形文字；5000年前，尼罗河流域的埃及人在纸草上写出了象形文字；4500年前，印度河流域的印度人创造了象形的印章文字。这几种古文字最初都是象形文字。大约在4500年至3000年前，生活在黄河和长江流域的中国人，在陶器、骨片、青铜器上展现的汉字也是象形文字。这些不同民族的古老文字，以各具风采的象形表意形体，展示了不同的大河文明的光辉。

泥板上的印符——楔形文字

　　楔形文字应该是世界上最早的文字了。5500年前，生活在美索不达米亚的苏美尔人创造了这种奇异的文字，这是一种用芦苇笔压刻在泥

> 【文明的标志】
>
> 文字是语言的书写符号，是人类文明的重要标志。从没有语言到语言产生，是人类进化史上的一次飞跃；从没有文字到文字产生，是人类进化史上的又一次飞跃。

早期楔形文字是象形的符号

英国学者罗林森在一位勇敢的小男孩帮助下，在陡峭的石壁上拓印了刻有楔形文字的巨幅岩刻。之后，罗林森用了十几年的时间，成功破译了这幅岩刻上的全部楔形文字，从而揭开了楔形文字的秘密。罗林森被称为"楔形文字之父"

板上的印符，笔画一头粗、一头细，好像是楔子或钉子，人们称它为"楔形文字"或"丁头文字"。楔形文字的前身还是很像图画的，属于图画式的象形文字。楔形文字由苏美尔人发明，古巴比伦时期十分兴盛，共存在了3000年之久，后来逐渐消亡。在楔形文字消失2000年后的今天，刻有楔形文字的泥板已发现了75万块，此外，还可以看到很多刻写在岩壁、石碑、石柱上的楔形文字，其中著名的《汉谟拉比法典》石柱展示了楔形文字的风采。1851年，英国学者罗林森破译了一块石壁上的楔形文字，揭开了楔

【汉谟拉比法典】

《汉谟拉比法典》是3900年前古巴伦国王汉谟拉比制定的一部法典。《汉谟拉比法典》刻在一块黑色石柱上，上半部是精美的人物雕刻，下半部是由8000个楔形文字刻成的法律全文。法典共有282条法律条文，对当时社会生活中的各类关系用法律形式做了规定，内容很全面，很明确。不过，有些条文对自由民和奴隶很不公平，例如，一个自由民打瞎了另一个自由民的一只眼睛，打人的自由民就要被打瞎一只眼睛作为赔偿；如果奴隶主打瞎了自由民的眼睛，奴隶主只要拿出一点银子做赔偿就没事了；如果奴隶主打瞎了奴隶的眼睛，那么受法律保护，不做任何赔偿。这部法典的制定，使巴伦成为古代统治最严厉的东方奴隶制国家。《汉谟拉比法典》已经是比较完备的成文法典，对后来许多国家的立法产生了重要影响。

形文字的秘密。楔形文字的破译，使我们见到了两河流域的那个古老文明的历史风貌，否则，那个光辉的古老文明可能会永远掩埋在历史的尘埃之中。

庄严的符号——埃及象形文字

大约5000年前，生活在尼罗河流域的古埃及人创造了象形文字，这种图画式的文字，今天在金字塔、神庙和石器、陶器上还可以看到。古埃及人通常把这种象形文字用芦苇笔写在一种纸草上，做成纸草书卷，这大概是世界上最早的图书了。公元前525年，埃及被波斯人征服，在古

《汉谟拉比法典》石柱。石柱高2.25米。上部的雕刻象征"君权神授"的思想：坐着的太阳神正把权杖交给站着的汉谟拉比国王。下部是用8000个楔形文字刻成的法律全文。石柱现收藏在法国巴黎卢浮宫博物馆

埃及的母亲河——尼罗河

古埃及象形文字

埃及存在了3000年的象形文字从此逐渐消失，当懂得埃及象形文字的最后一位僧侣去世后，就再也无人能看懂这种文字了。长期以来，古埃及象形文字一直覆盖着神秘的面纱。1799年，法国拿破仑大军远征埃及，发现了刻着古埃及象形文字的"罗塞塔石碑"，1822年，"罗塞塔石碑"文字被法国学者桑博良破译，才解开了古埃及象形文字的奥秘。

神秘的印章符号——远古印度文字

古印度是人类文明的发源地之一，古印度在哲学、文学、自然科学等方面对世界文明做出了独创性的贡献。印度的远古文明在20世纪初才被发现，这就是印度河流域的"哈拉巴文化"。哈拉巴文化是远古印度青铜时代的文化，大约出现在4500年前，3700年前突然消失，存在的时间大体与中国的夏代同时。考古人员发现了哈拉巴等几

远古印度"印章文字"。方形小印章上面雕刻的这些神秘的符号显然是象形文字，它们在印章上静静地等待着人们的破译

从远古走来的印度河

个城市遗址，有的规模很大，被称作"青铜时代的曼哈顿"。考古
人员在城市遗址中发现了哈拉巴时期的文字，这些文字多刻在用
石头、陶器或象牙制作的印章上，所以又称"印章文字"。现在
已经发现了2500多个印章、文字符号500多个，这些符号多是象形
文字，其中有一些是表音符号。让人惊奇的是，每个小印章上还
雕刻着非常精美的动物图像，艺术水平相当高。和美索不达米亚
文字、埃及文字不同的是，远古印度印章文字至今还没有译读出
来，人们自然会有这样的感叹：古印度没有"罗塞塔石碑"！加
上哈拉巴文明只存在了几百年就突然消失了，所以，印章文字和古哈拉巴文化，对于文字学家和历史学家来说至今都充满了神秘。至于人们都知道的印度的古梵文，那是后来的事了，大概跟印章文字没有什么直接的关系。

哈拉巴文化城市遗址。在印度河流域发现的几个哈拉巴文化的城市
规模都很大，房屋是用烧制的砖造的，而且有了供水、排水和垃圾
处理系统。精美的印章文字就是在这些城市遗址中发现的

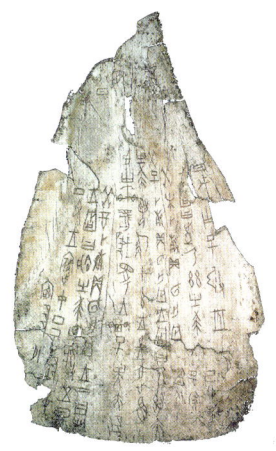

祭祀狩猎的牛骨刻辞

世界上惟一活着的古文字——汉字

中国是世界东方的文明古国之一，文字的历史最少也有5000年了。中国人创造的汉字同样起源于图画，用象形的形体来表意，与其他民族古文字不同的是，随着历史的进程，其他民族的古文字相继消亡了，只有汉字神奇地留存了下来。在强大的中国文化的氛围中，汉字被一代又一代的中国人使用着，朝代改变了，文字没有改变，汉字本身更是顽强地保持着用结构表达意义的特点，单音节的汉字又是那么适合记录汉语，所以直到今天，汉字不仅没有消失，而且已经发展成为形、音、义结合于一体的更加完美的方块形表意文字。可以说，汉字是世界上惟一活着的古文字。

哺育了中华文明的黄河

汉字的起源

汉字起源于图画。造字之初，中国人就选择了用图形表达意义的方法，汉字的创造就是从画图画开始的。汉字是一种表意的视觉符号，它源于中国古人的眼睛，一种独特的观察世界的方法。在关于汉字起源的种种传说中，有个流传很广的故事：汉字是由长着四只眼睛的仓颉创造的。

远古的传说

远古时期种种神奇的传说，往往会折射出历史的某种真实。

神秘的八卦图

【传说时代】
中国有两条大河，一条叫黄河，一条叫长江。滚滚东流的河水给中国东部带来了肥沃的土地，中国远古先民最早定居在这里，开始了渔猎、采集、农业、畜牧业等生产活动。那是原始社会新石器时代，一个中国文明的起源时代，一个古朴神奇的传说时代，时间大约在距今7000年至4000年间。关于汉字起源的一些古老的传说故事，几乎都发生在这段时间内。

伏羲画八卦

传说远古时期的黄河流域，有一个神奇的人物伏羲，他画出了八卦，从而产生了汉字。伏羲是传说中的远古帝王，是中国人的祖先。他的本领很大，他教人结网捕鱼、饲养牲畜，人们开始过上了渔猎畜牧生活。传说神秘的八卦就是他画出来的。八卦是用来占卜的八组图形，由符号"—"和"––"组成。"—"代表阳，"––"代表阴，阴阳相配，三个一组，共八组，每组为一卦，并都有自己的名称，分别代表不同的自然现象和事物，这就是八卦。很明显，八卦图形距离汉字形体很远，这些长、短横线又怎么能发展成笔画丰富、结构复杂的汉字呢？说八卦是汉字的起源很难叫人信服，因为实在没有太多的根据，如果仔细研究一下，大概只有数字符号和极少的汉字跟八卦有点关系，例如数字"三"的形体，有点像八卦"乾"的图形"☰"；汉字"水"的古文字形

伏羲庙。伏羲庙位于甘肃省天水市，相传中国人的祖先伏羲和女娲出生在这一地区

"〰〰"，有点像八卦"坎"的图形"☵"，而其他的更多的汉字形体无论怎样想象也很难与八卦图形靠近。因而，说汉字起源于八卦是不可信的。

结绳记事

结绳记事是文字产生之前非常普遍的记事方法，作为一种用物体帮助记忆的方法，在远古人类的生活中是很有作用的。结绳就是用绳子打结，记大事打大结，记小事打小结，事多多结，事少少结。不过，这些绳结只是某个人或某些人自己才明白的记号，它只能帮助记忆，

远古结绳记事图

不能记录和传播语言，也就是说，用绳子打结，是打不出形态万千的汉字来的。有人研究后认为，有一种可能，古文字中的一些数字符号是由结绳符号演变来的。中国最早成熟的汉字甲骨文中的"纪"字，就是这种记事活动的形象记录。到了结绳时代，距离文字时代就不太遥远了。

惊天地泣鬼神的仓颉造字

仓颉像。传说仓颉有四只眼睛

仓颉造字是一个流传很广的神奇传说，也是关于汉字起源很有价值的一个传说。4500多年前，中国人的祖先黄帝统一了黄河流域，组成了巨大的华夏氏族联盟。黄帝有一个史官，名字叫仓颉。仓颉是一个神奇的人，传说他刚出生就会写字，又说他有四只眼睛，善于观察世间万物，他抬头看到天上星星排列的形状，低头看到鸟兽在地上走过的足迹，受到

仓颉造字图。仓颉创造文字，惊动了天地，吓哭了鬼神

启发，觉得不同的形状可以区别事物，于是造出了象形的汉字。更神奇的是，由于有了文字，天地间神灵的秘密就显露出来了，这可把神灵鬼怪吓坏了，于是天上下起了粟米，鬼怪在夜里哭泣。显然，汉字的出现是一件惊天地泣鬼神的大事，汉字在古代人的心目中是非常神圣的。

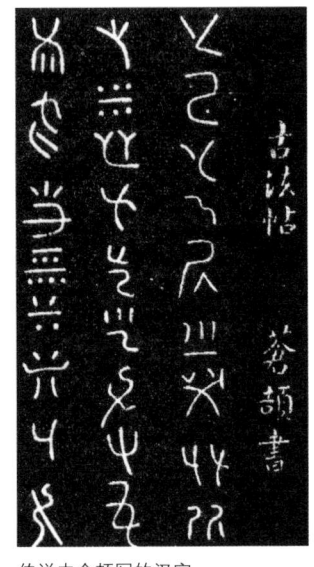

传说中仓颉写的汉字

今天看来，把汉字看作仓颉一个人的创造是令人难以相信的。一种文字的产生要经过相当长的发展过程。事实上，汉字是中国人的祖先在长期劳动生活中集体创造的。

但是这个传说却透露了这样的一个史实：4500年前的一段时间，正是黄帝统一黄河流域的时代，也正是中国文明的起源时代，这样的时代是应该产生文字的；进一步说，文字的产生往往会有一定的数量，而且一个字会有多种写法，所以一定会有仓颉这样的一些有学问的人在做整理文字的工作，告诉人们某个意思应该用某个字，这个字应该怎么写；更重要的是，传说中仓颉造字的过程真切地告诉我们：汉字是一种表意的视觉符号，创造汉字是从画图画开始的。

汉字起源于图画

　　"书画同源"，文字和绘画很像兄弟俩，不过年龄相差很大。文字的历史不会超过6000年，而绘画的历史可以追溯到几万年前。当人们要表达某种简单的意思时，不会有什么比画出图画来更直观更便捷的了，道理就是这么简单。至于图画进一步的抽象化和符号化，并形成有读音的文字符号，那就是很久以后的事情了。

中国云南沧源岩画（新石器时代）

古朴的记事岩画

岩画是人类最古老的绘画形式。最早的岩画大约出现在2至3万年前。这种早期人类雕刻或涂画在山壁岩石上的图画，再现了远古先民的劳动生活和原始社会风貌。著名的西班牙阿尔塔米拉和法国拉斯科的洞穴壁画，还有中国的内蒙古、青海、云南、江苏等地的岩画，都生动地展现了古老而神秘的原始世界。这种文字出现之前的古老图画有记事作用。岩画是以艺术形象来表达某种意义，跟语言没有关系，也不会有读音，所以不是文字。不过，岩画描绘了自然事物和人类活动，是在用图形表意，这其实是在记事，也就是说，它起到过文字的作用。值得注意的是，中国远古岩画图像有些已经图案化、符号化，有的还很像后来的象

中国远古岩画图像。很多岩画图像已经图案化，它们跟象形的汉字非常相似，图中的这些图像就很像"牛、犬、牧、鸟、人、射、亦、舞、美、女、面、日、木、车"等象形汉字的最初形状

形汉字，所以岩画对后来象形汉字的形成还是有些意义的。虽然不能说岩画图像是文字，但是可以说远古岩画是产生汉字的丰富源泉。

精美的彩陶纹饰

陶器是新石器时代的一个标志。中国是世界上最早烧制陶器的几个文明古国之一。仰韶文化时期，在黄河流域出现了大量描画在陶器上的图画纹饰，这些图画纹饰古朴天真、生动有趣，而且有很强的装饰趣味，显示了古代先民的绘画才能。因为陶器上的花纹是彩色的，所以人们就把这种陶器叫"彩陶"。彩陶在仰韶文化时期最多也最有特色，人们又称仰韶文化为"彩陶文化"。不过，彩陶图画纹饰是用真实的艺术形象来美化陶器，没有形成符号形体，跟语言没有什么关系，不会有读音，也没发现有传播信息的作用，所以，它们只是图画，不是文字，它们是远古时期优秀的艺术作品。虽然如此，一些图画纹饰的表意性和图案化，已经为象形文字的产生准备了很好的条件。

两种陶器刻画符号

远古时期，中国人还在陶器上刻画了大量的符号，这类陶器刻画符号和汉字有了关系，成为我们探索汉字起源的重要资料。这类刻画符号主要有几何形符号和图像形符号两种。

【仰韶文化】

新石器时代黄河流域的一种文化，约在距今7000到5500年间。当时，人们已经定居下来，粟是主要的农业产品，也有渔猎活动，彩陶最有名。仰韶文化因最早发现于河南省渑池县仰韶村而得名。仰韶文化陶器上都画着漂亮的图画，这些表意性图画对象形汉字的产生，肯定是会有启发作用的。还有一些陶器上刻画着几何形符号，这样的符号就跟汉字的产生有关系了。

马家窑文化彩陶瓮（仰韶文化时期）。马家窑文化属于新石器中晚期文化，因发现于甘肃临洮马家窑而得名。这件著名的彩陶瓮上，画有精美的水波纹和旋涡纹，散发着5000年前居住在黄河岸边劳动人民的生活气息

甘肃马家窑彩陶盆上的舞蹈人纹饰。
（仰韶文化时期）

几何形陶器记事符号 考古工作者在黄河中游地区的一些仰韶文化遗址，如陕西西安半坡村、姜寨等地，发现了很多陶器上的几何形符号。这些五六千年前刻画在陶器上的线条符号，由于太简单、太抽象了，所以很难看出它所表示的意思，很难说它们就一定是汉字。不过，这些符号有很多是重复的，说明是有目的刻画的，它们肯定有某种记事功能。应该说，这些符号对后来汉字的产生还是有影响的，其中一些符号大概就是某些汉字的起源。

近年来，一个重大的考古发现是找到了中国第一个朝代夏朝（前2070-前1600年）的都城河南

【大汶口文化】

新石器时代的一种文化，约在距今6000到4500年间。主要分布在黄河下游的山东和江苏、安徽的北部等地区。早期为母系氏族公社时期，中后期为父系氏族公社时期。当时农耕已是主要的生产活动，制陶水平很高，有了黑陶和白陶，有些陶器上刻有图像形符号。大汶口文化图像形陶器刻画符号很可能就是中国最早的文字。

西安半坡陶器刻画符号

二里头陶器刻画符号

省二里头遗址。在二里头遗址出土的4000年前的陶器上，发现了20多种刻画符号，形体与半坡、姜寨的陶器刻画符号有很相似的地方，其中有些符号的形体已接近商周时期的甲骨文。现在，虽然我们还不能肯定地说几何形陶器刻画符号就一定是文字，但是这种刻画符号的线形结构，跟后来的汉字是一致的，这点十分重要。仰韶文化几何形陶器刻画符号很可能是汉字的起源。

图像形陶器记事符号　4500年前生活在山东泰山附近的人们，在陶器上刻画了一些用于记事的或作为图腾的图像形符号，这就是著名的大汶口文化陶器刻画符号。这些用线条刻画事物的图像形符号，看上去跟几何形符号明显不同，有点像后代的甲骨文，同一种符号在很多地方都有发现，说明这种符号不但有了传播信息的功能，而且经常使用，很可能有读音。因而，很多专家学者认为，这种有形、有义、有音的大汶口文化图像形陶器刻画符号，应该是中国最早的文字——原始图形文字。

泰山日出。这个令人神往的日出景象，远古时期的大汶口人会经常看到

右图这个刻画在陶器上的符号，在几个不同的地方都能见到，它很像一幅早晨的图画：太阳越过高山，穿过云层，慢慢升了起来。很多文字学家都说这是"旦"字（还有些人认为是"昊"、"盟"、"炅"、"炅山"等字）。"旦"就是早晨的意思，上边的"日"是太阳，下边的"一"是山和云的简化。这个刻画在陶器上的"旦"字符号，是不是当地人经常看到的泰山日出景象呢？不能说这种想法没有道理。另外，很多文字学家还说，这个"旦"字符号是氏族的图腾，这种说法也是可信的，因为汉字研究资料表明，很多图像形的氏族图腾或族徽，在后来的造字中被采用了。

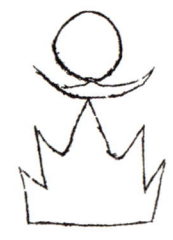

大汶口文化陶器和上面刻画的"旦"字符号

汉字起源时间推测

远古陶器几何形刻画符号的线形结构、图像形刻画符号的图形表意，正是后来成熟汉字甲骨文形体的重要特征。因而，远古陶器刻画符号应该是汉字的起源，其中图像形刻画符号与汉字的形成有着更为紧密的关系，它们大概是汉字的直接起源。如果这种认识符合汉字起源的历史事实，那么，汉字起源的时间大约是在距今6000年前后的仰韶文化时期，最早出现的一批汉字产生在大约4500年前后的山东泰山一带。当然，这还需要出土更多的能传播信息的符号来证明。

现在看来，即使是大汶口文化陶器上的这类被认为是"汉

这些陶器和青铜器上的图腾或族徽，文字学家认为是"蛇""象""猪""牛""龙""虎""犬""羊""鹿""鸟""鱼""月""日""山""火""美"等象形汉字之源

字"的符号，也还是处于"原始图形文字"阶段，它们还很像图画，数量也很少，根本谈不上形成文字系统，所以也很难记录当时的历史史实。又过了1000多年，比较成熟的文字出现了，这就是著名的"甲骨文"。甲骨文的出现，标志着汉字走进了"古文字"阶段。

汉字形体的演变

　　汉字形体的演变有一个漫长的历史发展过程。最早成熟的汉字是商代的甲骨文。从商代到今天，3000多年来，汉字的形体主要经过了甲骨文、金文、小篆、隶书、楷书的演变过程，逐渐由图画变为笔画，由象形变为象征，由复杂变为简单。简化一直是汉字发展的主流。

图画似的古文字

一直以来，我们对中国第一个朝代夏朝的情况知道的非常少，以至于一些学者甚至怀疑过夏朝的存在。而对第二个朝代商朝的事情，我们知道的就比较多了。其中的一个重要原因是，我们见到了商朝的甲骨文。假如，那位没见过甲骨文的西汉历史学家司马迁也有我们这样幸运的话，那么，他写的那部著名的历史书《史记》，肯定会成为更为伟大的信史。

从地下走出来的文字——甲骨文

甲骨文是一种神奇的文字，它的产生与商代（前1600–前1046年）社会的鬼神崇拜有关，它事隔3000年才从地下走出来的经历也充满了传奇色彩。100年前，河南省安阳小屯村的农民们在土地上耕作时，经常从土地下面翻出一些骨片，他们把这些骨片当作一种名叫"龙骨"的中药，很便宜地卖给了药店，来换取一点生活费用。这些"龙骨"其实是"甲骨"，上面刻写的符号就是"甲骨文"，它们在地下已经沉睡了3000多年了。甲骨文是商周（前1046–前256年）时期的文字。这种文字，形、音、义结合于一体，能把口语中的词一个一个地记录下来，而且有读音，还出现了词组和简单句式。甲骨文已经是能记录复

【信史时代】
汉字在经历了"原始图形文字"阶段之后，进入了"古文字"阶段，这一阶段的文字虽然还有些像图画，但已经是比较成熟的文字了，这类字有甲骨文、金文和小篆。汉字的成熟，标志着中国的历史由传说时代进入了信史时代。

21

杂事情的、可读的表意符号，是比较成熟的文字了。可惜的是，在很长一段时间内，如此珍贵的古老文字不知有多少被当作中药吃掉了！

中药里的大发现 1899年，清朝（公元1616-1911年）国子监祭酒王懿荣生病吃中药，在从北京达仁堂药店买来的中药中，发现一些"龙骨"上有很多细小的刻画符号。王懿荣喜欢古代文字，是个很有学问的人，经过对骨片的搜集和深入研究，他认定这是一种非常古老的文字——商代文字。因为字是刻在龟甲和兽骨上的，后来人们就称它为"甲骨文"。这些甲骨片来自河南安阳小屯村，小屯村一带是商朝的都城，当时称作"殷"。商朝灭亡以后，这里慢慢变成废墟，被泥土埋在了地下，所以人们就把这个地方叫做"殷墟"了。成千上万的甲骨片就是农民们从殷墟中挖出来的。现在在殷墟和其他一些地方，已经出土了商代晚期和西周时期的甲骨15万

一片刻字龟甲（商代）

【殷墟】

殷墟在今天的河南省安阳小屯村，3000年前是商朝的都城，也是中国历史上最早稳定下来的都城。公元前1300年，商朝第20代王盘庚把都城迁到了"殷"这个地方，一直到商朝灭亡。殷始终是商朝的都城。在殷墟的土地上，已挖掘了80多座宫殿、宗庙遗址和14座王陵大墓，从地下出土了丰厚的商代文物，如甲骨文、青铜器、玉器、陶器、石器、漆器、纺织品等等。仅甲骨文就出土了十几万片。2006年7月，殷墟被列入了世界文化遗产，国际考评组织的评价是：殷墟突出的价值可以与埃及、巴比伦、印度的古文明相媲美。

安阳小屯村（殷墟）遗址已出土甲骨15万片

片，共发现4500多个不重复的文字符号，破译出1500多个字。

神奇的占卜　为什么要把文字刻在龟甲兽骨上呢？原来，商代人是很迷信的，社会中充满了对鬼神的崇拜。商王对农业能不能丰收，风雨是大还是小，战争能不能胜利，打猎顺利不顺利，都要用甲骨先占卜一下，相信天神和祖先神会给他们启示。占卜时，先在甲骨的反面挖一些小圆坑，然后占卜官大声向天神和祖先神喊出商王占卜的问题，同时用烧红的木炭棒烧烤甲骨反面的小圆坑，甲骨受热后出现裂纹。根据正面裂纹的形状，决定占卜的事情是吉还是凶，如果是吉，

【商代龟卜】

一条完整的甲骨卜辞要有占卜时间、占卜人、占卜的事情、占卜的原因、占卜的结果和验证等内容。在一片甲骨上刻上这么多内容，字数一定不能多，因而，古汉语书面语—文言文简短精练的特点，跟甲骨卜辞是有直接关系的。当时商代王朝占卜的材料主要选用龟甲。中国古代神话传说认为，大地是由四只神龟驮着的，龟的背甲印着天上的奥秘，腹甲印着地上人间的奥秘。龟的神性使商代人认为，龟甲在多方面预测的功能上要比兽骨灵验。商代是龟卜盛行的时代。

龟甲烧卜图

刻有卜辞的一块商代龟甲
（部分）

就去做，是凶，就不能做了。最后把占卜的事情和结果刻在甲骨上，这些文字叫甲骨卜辞，也就是我们今天见到的甲骨文。可见，甲骨文是一种占卜文字，是中国古人与神灵对话的文字。当然，也有少量的甲骨文只用来记事，跟占卜没有关系。

线条刚劲的"图画"　甲骨文已经采用象形、指事、会意、形声等多种造字法造字了，因而，甲骨文的形体姿态万千。甲骨文是古老的文字，比较像图画，象形字很多，这些象形字很能表现事物的典型特征，例如甲骨文的"	（鹿）"字、"	（虎）"字虽然写法很多，但都描画了鹿角和虎纹；甲骨文的"	（马）"字是一定要画出马脖子上的鬃毛的。甲骨文的形体结构基本上是由线条笔画组成的，由于龟甲兽骨坚硬不好雕刻，所以甲骨文的笔画更多的是用刀刻成直线，线条细瘦硬直，转折处多是方形，表现出一种古朴刚劲的美。作为一种早期文字，甲骨文还有一些不太成熟的地方，例如，甲骨文的大小不一致；同一

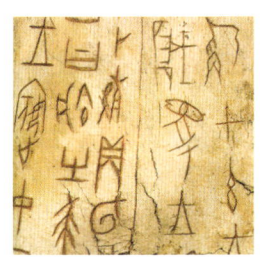

线条细瘦硬直的甲骨文
（商代牛骨刻辞）

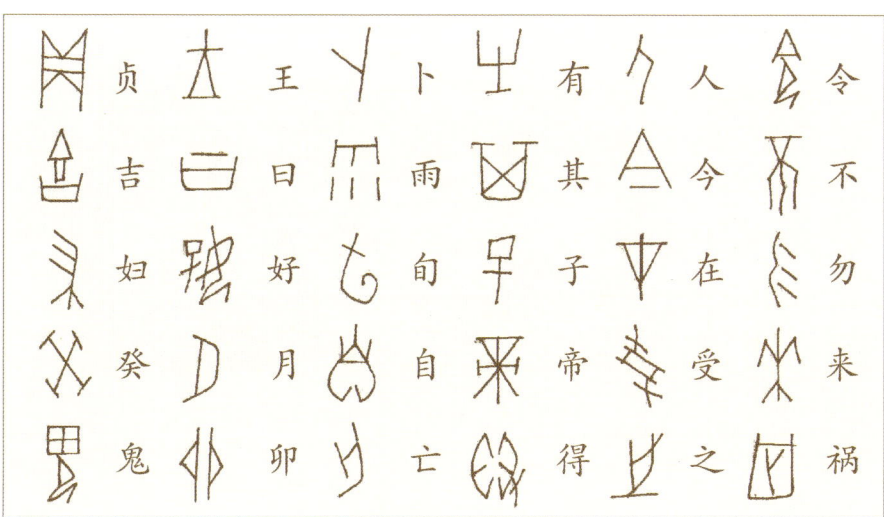

常见甲骨文示例

个字往往有多种写法；笔画有多有少；偏旁的位置不太固定；把两三个字合写在一起的"合文"也比较多。由于甲骨文的图形表意性比较强，这些不成熟的字并不影响人们辨认。

甲骨文，这些由线条构成的"图画"，已经是象征性符号，可以看懂所表示的意义了，这表明甲骨文在向着成熟的线性文字发展。大量表意的甲骨卜辞告诉我们，早在3000多年前的商代，汉字已经形成能记录语言的比较完整的文字系统了。

著名的《众人协田》牛骨卜辞
（商代 河南省安阳小屯村出土）

甲骨上的历史文化 甲骨文为我们提供了大量商代和西周的真实情况，成为研究商周历史文化的最可靠的资料。例如著名的商代《众人协田》牛骨卜辞，大意是商王问神："王命令众人

著名的《月又食》牛骨
（商代晚期 河南省安阳
小屯村出土）

集体耕作，能得到好年成吗？"这段卜辞反映了商代的农业劳动是奴隶们集体进行的。再比如商代很有科学价值的《月又食》牛骨文字："壬寅贞月又食"。"壬寅"表示年代，"贞"就是占卜。据专家推算，它是公元前1173年7月2日发生月全食的原始记录。在另一块商代《记日食》牛骨上也能清楚地看到关于日食的记录。甲骨文中关于商朝女将军"妇好"的记载，更为我们呈现出一幅鲜活的商代历史景观。

妇好之谜　1976年考古工作者在安阳小屯村的宫殿区挖掘了一座商代的大墓，出土的青铜器、玉器等陪葬品就有1928件。墓主人是个女人，名字叫"妇好"。妇好是谁呢？古代书籍上没有任何记载。可是考古工作者们却个个兴奋不已，他们奔走相告："我们找到妇好了！我们找到妇好了！"原来"妇好"这个名字已经多次出现在甲骨文中，大

英勇美貌的商代女将军——妇好

在这片甲骨上多次出现
"𝌆𝌆（妇好）"二字

约有200多片甲骨记载了她的事情。她是商王武丁的妻子，是一位英勇美貌的女将军，还多次主持重大的宫廷祭祀和占卜，地位和威望很高。甲骨卜辞还透露了一个美丽而凄婉的故事：武丁非常爱他的文武双全的妻子，有一次妇好打仗胜利归来，武丁亲自出城迎接，夫妻在城外尽情骑马打猎，还共同捕获了一只鹿。武丁时刻关心着出外征战的妇好的冷暖，惦念着她的一切，几乎天天亲自为她的健康和安全占卜："最近北方多雨，不知道她懂不懂注意？""这几天很冷，她会感觉到寒冷吗？""她受过伤，骨头疼，不知道现在怎么样了？"短短的甲骨卜辞，充满了武丁对妇好深深的思念和无尽的爱。后来，妇好劳累而死，年龄仅33岁。武丁非常悲痛，把自己的爱妻安葬在宫殿区内，并举行了隆重的葬礼。甲骨文为我们揭开了历史上的"妇好之谜"，讲述了3000年前商代的一段动人的爱情故事，叫人感叹不已。

世界青铜文化奇观——金文

大约在公元前3500年前，世界的东方进入了"青铜时代"，那时候，美索不达米亚和埃及出现了最早的青铜器。中国"青铜时代"的开始略晚一些，时间大约在公元前3000多年前。奴隶社会的商周时期，中国青铜器铸造达到了高峰，这一时期为中国真正的"青铜时代"。商周青铜

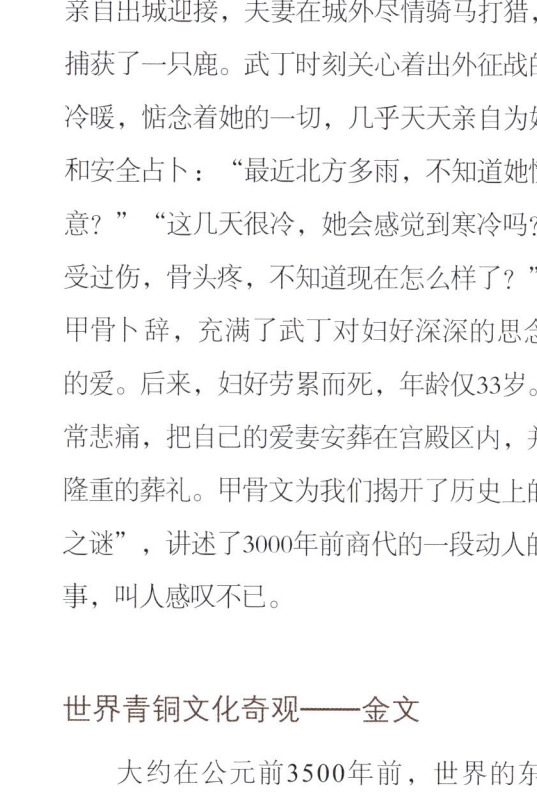

纹饰精美华丽的青铜象尊（商代）

器以美观的造型、精美的纹饰、高超的工艺，以及雄奇的金文，形成了世界青铜文化上的奇观。青铜器是用铜和少量的锡镕铸而成的器具，因外观有一种漂亮的青灰色而得名。由于当时把铜叫作"金"，所以就把青铜器上的字叫作"金文"，又由于鼎和钟在青铜礼器中的地位最高，上面的字也最多，所以也叫"钟鼎文"。中国青铜器上出现大量金文，这在世界青铜文化中是非常独特的现象。

司母戊青铜鼎及其铭文（商代）

埋入地下的"礼器"

青铜器是商周时期非常特殊的东西，它可以作为容器使用，而更多更重要的是作为奴隶主贵族祭祀天神、地神和祖先的礼器。那时候，青铜器已经成为权力、地位、等级的象征，地位越高，拥有的青铜器就越多，例如作为国家重要礼器的青铜鼎，天子（国王）享有最多，达到9件，其他官员贵族只能享用7件、5件、3件、1件，平民是不能用鼎的。那时候，诸侯王和贵族们还经常把有关祭祀、战功、赏赐、奴隶买卖等大事，用甲骨文似的字体刻铸在青铜器上，以便永久保存和纪念，这就是金文。诸侯贵族死后，他们都要把自己的青铜器作为随葬品埋入地下，我们今天见到的商周青铜器基本上都是从地下出土的。

雄奇的金文　商周青铜器早在汉代（前206－公元220年）就开始出土了，至今出土的各种青铜器数以万计。在商周青铜器上共发现了3000多个不同的金文单字，其中能够解读的有2000多个。

金文还比较像图画，但总的来说，金文字体的大小比甲骨文匀称，笔画圆转粗壮，线条化越来越强，很多字也更加简化。特别是，金文是先用毛笔书写，然后再铸在青铜器上的，这就和用刀刻的甲骨文很不一样了，金文显示了毛笔的书写效果，给人一种古朴、浑厚、雄奇的美感。西周晚期是金文的兴盛时期，铭文长，布局整齐，字形也更漂亮了。

毛公鼎（西周）。毛公鼎是中国古代铭文最长的青铜鼎

出现长篇铭文　商代青铜器铭文字数很少，有的仅几个字，一般是器物的标记，标明器物的名称、主人或造器的缘由，例如在河南省安阳殷墟出土的商代司母戊鼎，重875公斤，这个中国古代最大的青铜鼎，鼎内只刻铸了"司母戊"三个字，只是表明这个大铜鼎是商王为祭祀他的母亲"戊"而铸造的。商代铭文最长的也不过42个字。到了西周时期，铭文加长了，青铜器上出现了数百字的铭文，记载了比较详细的事情，也说些歌功颂德的"万寿无疆"、"子子孙孙永宝之"之类的吉祥话语。例如铭文最长的西周毛公鼎，上面刻铸了497个字，已经是一篇大文章了。其次是西周的散氏盘，盘底刻铸了357个字。毛公鼎、散氏盘和另一件虢季子白盘被称为"西周三大青铜器"。目前发现的中国古代最早的长篇文章，就是西周时期的青铜器铭文。

利簋铭文（西周）

铭文的历史价值　目前，关于商代和周代重

精美的史墙盘（西周）

要的社会历史情况，很多是从铭文中得到的。例如上面提到的西周散氏盘铭文，用357个字纪录了周王统治下的两个小诸侯国的一次国土争执，使今天的我们在青铜器上看到了一场古代的官司。1976年出土了一件西周早期的青铜器利簋，上面的32字铭文揭开了周武王打败商纣王灭亡商朝的那场"牧野之战"的时间之谜，明确告诉人们那场生死大战是在一天内决定胜负的，从而证实了《史记》中的"甲子日，纣兵败"的记载。著名的大盂鼎铸有铭文291个，记载了西周时期一位名字叫"盂"的贵族得到了周王的丰厚赏赐，周王还语重心长地告诉他，不要像商王那样整天喝酒玩乐，而要一心一意为国家出力。再例如西周青铜器史墙盘，铜盘内底的284字铭文颂扬了历代周王的功德，讲述了史墙盘制作者自己家族的历史，从中可以了解一些西周的历史情况和周王朝对商代遗民所采取的政策，具有很高的史料价值。

商周青铜器上的金文，是世界青铜文化中的奇观。商周金文上承甲骨文，下启小篆，是汉字形体演变过程中的重要一环。金文虽然还有些像

【牧野之战】

"周"原来是中国西部黄土高原上的一个古老部落，是商的属国。由于商朝后期的统治十分腐朽，周武王决心讨伐商纣王。公元前1046年2月5日（甲子日），周武王率领士兵45000人、猛士3000人、战车300辆，并联合其他部落，在商都郊区的牧野，与商纣王的十几万人的军队进行决战。战斗中商军士兵纷纷投降，并引导周军攻进了商都—朝歌。纣王见大势已去，就身披玉衣自焚而死。商朝灭亡，西周建立。利簋上的32字铭文为确定牧野之战的具体时间，提供了可靠的物证。

秦始皇像

【秦始皇】

秦始皇名嬴政，他是西方秦国的国王，后来用了10年时间打败了东方六国，在公元前221年统一中国，建立了中国历史上第一个封建的中央集权的国家——秦（前221–前206年）。秦始皇是中国的第一个皇帝。秦始皇为维护国家的统一，实行了残暴的统治，同时又做了很多有历史意义的大事，除了统一文字、统一度量衡、统一思想（焚书坑儒）以外，他还修长城、修驰道（道路）、修灵渠（水利）、车同轨、设郡县（行政区域），这些对后代的影响都是十分巨大的。

图画，但是已经由图形表意大步地向着方块形的线形表意方向发展了。

古代美术字——小篆

小篆是秦始皇（前259–前210年）"书同文"政策的产物。"书同文"是国家对汉字的第一次大的简化和规范化，从根本上说是整理了战国时期的异体字。小篆的字形更加简化，线形形体也更加不像图画了。小篆的出现标志着中国古文字已经走到了它的尽头。

小篆的出现 战国（前475–前221年）时期，汉字的形体不统一，异体字非常多，同一个字，东部的齐、楚、燕、韩、赵、魏六国和西部的秦国都有各自的写法，一些字的读音也不相同。为了改变这种用字混乱的情况，更好地加强统治，秦始皇在公元前221年统一中国以后做的第一件事，就是统一文字，在全国实行"书同文"。秦始皇命令丞相李斯主持统一文字的工作，李斯以秦国使用的文字为基础，废除了东方六国文字中与秦国文字形体不一致的字，同时吸

战国时期各的"马"字和"安"字

收了各国文字的长处，制定出统一的文字，这种字就是小篆。

"篆"，就是用弯曲的线条描画的意思。由于甲骨文、金文和战国文字一般被称作"大篆"，秦始皇统一的这种文字在形体上比大篆简化，就有了"小篆"这个名称。秦始皇统一文字确立小篆，是国家对汉字的第一次大的简化和规范化，从根本上说是整理了战国时期的异体字。

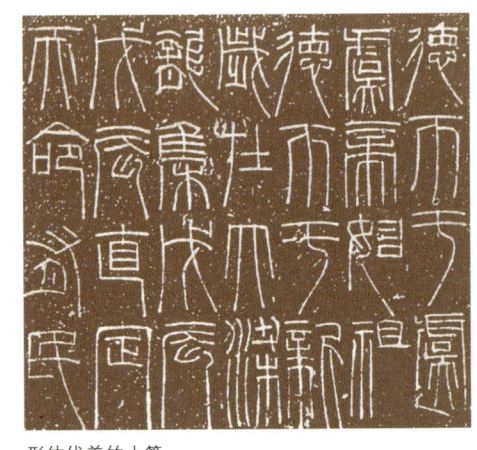
形体优美的小篆

古代"美术字"　小篆是一种非常漂亮的字体，整齐的长方形的形体、工整对称的结构、圆转优美的笔画、粗细均匀的线条，看上去十分美观。小篆是中国古代最美的文字，可称为中国古代的"美术字"。和大篆相比，小篆的字形更加简化，基本上做到一个字只有一种写法；在笔画上，它把大篆的所有直角都改为圆角；笔画的多少、偏旁的形体和位置也都基本上固定下来，如形旁一般放在左边；而且有了更多的表音声旁，形声字增多了。仔细看，在一些小篆形体中还留存着一些象形的线条组合，不过不太明显，这说明小篆已经不太像图画了。

秦始皇统一的货币"半两"。钱币上用小篆体铸刻的"半两"二字，传为李斯亲笔书写

秦代官方字体　秦代时，小篆是官方使用的字体，秦朝政府重要的公文都要用小篆书写，例

汉代铜货币上铸刻的小篆字体

如秦始皇统一度、量、衡，发布到全国各地的铜诏版，上面铸刻的铭文就是小篆。今天，在中国各地出土的大量秦代量具和衡具上，都能见到用小篆体铸刻的这篇皇帝诏书。在出土的秦代的钱币、瓦当、武器、虎符、古碑上也都能见到秦小篆。

秦铜诏版铭文拓片

秦始皇《泰山刻石》拓片。据说刻石上面的小篆是李斯亲自书写的。刻石现存字不多，所以更显珍贵。刻石现存放在山东省泰安岱庙

秦始皇《峄山刻石》拓片。刻石上的小篆形体工整对称，笔画圆转舒展，展现了一种书法曲线美

秦刻石

公元前219年，统一全国后的秦始皇率领他的车马队巡游了七个地方，每到一地立一块为自己歌功颂德的石碑，碑文由李斯用小篆书写刻制。秦刻石上的小篆，结构工整严谨，笔画圆转优美，风格古朴苍劲，被称为小篆的正宗。七块秦刻石中，现在只有《泰山刻石》和《琅玡台刻石》是原刻石，字多已残损，《峄山刻石》等其它五块刻石都是后代仿刻的。

不像图画的今文字

　　秦代，当隶人们用毛笔在细长的竹简、木简上快速书写小篆的时候，他们怎么也不会想到，一种新字体在他们手下诞生了，这就是"隶书"。隶书的出现是汉字发展史上的大事，汉字从此不再象形，开始走进了它的新阶段。

汉字形体的重大转变

　　小篆之后，汉字走进了"今文字"阶段，字体是隶书和楷书。从隶书开始，汉字形体彻底脱离了图画，完全笔画化、符号化了，汉字成为了不象形的文字。文字是象征性的符号，汉字形体由象形性符号发展为象征性符号，是汉字形体的重大转变，在中国文字史上具有非常重大的意义。

古今文字的分水岭——隶书

　　秦代，在小篆流行的同时，民间有一种写起来更快更方便的字体已经在流行，这就是隶书。到了汉代，隶书就完全成熟了。隶书用比较平直的笔画组成字的结构，形体更加简化，已经完全不像图画，变成了纯符号的文字，汉字从此基本

甘肃武威出土的隶书竹简
（汉代）

居延黑城遗址。从20世纪30年代起这里就不断有汉简出土

居延汉代木简册

定型。隶书打破了古汉字象形的特点，标志着古文字阶段已经过去，今文字阶段开始了。

徒隶们的贡献　秦代时还没有纸，纸是西汉（前206－公元25年）时期发明、东汉（公元25－220年）末年经过改进才开始广泛使用的。秦代和之前战国时期的文字多用毛笔写在竹简和木简上，为了提高书写速度，负责写公文的役吏们按照民间的写法，把小篆那圆转的笔画写成直线，形体也做了简化，这样，字写起来就快多了。由于这种简化的新字体多是由负责书写的隶人们写出来的，人们就把这种字体叫做"隶书"。显然，毛笔的使用，篆书的快写，创造出了隶书这种新字体。这种古代人用毛笔快写的隶书字体，我们在出土的大量竹木简上可以看到，例如湖北云梦睡虎地秦国竹简，上面的隶书字形体已经完全不像小篆了；著名的居延汉简，已经

出土了三万多片，汉简上那些扁平的隶书，不但表现了汉代人很高的隶书书法水平，而且能看出写字人的一种随意和轻松。考古证明，秦代除了小篆，隶书也是当时的通行字体，到了汉代，从官方到民间使用的就都是隶书了。

隶变——文字大革命　隶书是对小篆的笔画和形体的一次大简化，它的笔画化和符号化的形体结构，使小篆中留存的最后一点象形线条也消失了，汉字从此成为由笔画组成的表意符号。通常所说的"现代汉字不再像图画了"，就是从隶书开始的。可见，隶书已成为"古文字"和"今文字"的分水岭，就是说，汉字在隶书之前，是像图画的"古文字"，从隶书开始，就是不像图画的"今文字"了。汉字由篆书演变成隶书，叫做"隶变"，隶变是汉字的一次大革命，具有划时代的意义。

【隶变】

汉字由小篆演变为隶书，叫"隶变"。隶变是汉字发展史上的一件大事，可以说是一次文字大革命，它不但是汉字演变中最重要的一次简化，也是"古文字"阶段和"今文字"阶段的分水岭，隶变之后的汉字，线条由曲变直，象形性消失，开始成为完全笔画化的新体字，或者说由一种像图画的"线条文字"变成一种不像图画的"笔画文字"了。汉字从此不再像图画，具有了更强的象征性，也更加简化，人们识认和书写汉字容易多了。

《三体石经》拓片（三国时期）。隶书与大篆、小篆比较，可以明显看出隶书形体已经不再像图画了

	鸟	燕	鱼	马
小篆	𦥯	燕	魚	馬
隶书	鳥	燕	魚	馬

小篆中很多不同的笔画，在隶书中成为同一个部件

汉隶的特征　"汉隶"，即汉代（西汉东汉合称汉代，公元纪年为公元前206－公元220年）的隶书。汉隶字形已经由秦隶的方形变为扁形；图画似的线条完全消失；笔画不再圆转，有了粗细轻重的变化，而且有了波势，横画"一波三折"，横、撇、捺的收笔处向上挑起，撇和捺向两边伸展。汉隶的笔画有力舒展，字形匀称美观，活泼美观的波状笔画是汉隶的明显特征。另外，作为小篆偏旁的汉字，在隶书里变成简化的形体，例如小篆的偏旁"水"、"手"、"心"，作隶书的左偏旁时变形为"氵"、"扌"、"忄"；小篆中很多不同的笔画，在汉隶中成为了同一个部件，例如小篆"鸟"字的爪子和尾巴、"燕""鱼"两字的尾巴、"马"字的腿和尾巴，在汉隶中都变成了四个点。隶书的简化，使汉字更容易书写了。

优美典雅的《乙瑛碑》
（东汉）

沉稳优美的《史晨碑》
（东汉）

方劲活泼的《西峡颂》
（东汉）

汉隶的风采 汉代人书写在竹简、木简或刻写在石碑上的隶书留存下来很多，古代隶书的最高成就表现在东汉时期的碑刻上。东汉隶书碑刻数量丰富，风格多样，成就很高，像字体庄重秀美的《礼器碑》、优美典雅的《乙瑛碑》、粗壮古朴的《张迁碑》、奔放多姿的《石门颂》、方劲活泼的《西峡颂》等，历来是书法爱好者临摹学习的优秀样本。公元175年，东汉大学问家蔡邕等人用隶书字体写了《诗经》《尚书》《论语》等主要的儒家经典，由著名工匠刻在46块石碑上，立在了洛阳太学（国家大学）门口，这就是著名的《熹平石经》。据说当时很多读书人都来到洛阳观看和学习石经，太学前"车乘日千余辆"，把道路都堵塞了。《熹平石经》是中国最早的官方儒家经本，上面的隶书为成熟汉隶的代表作，被称为隶书中的极品。《熹平石经》目前只有一些残片存留在世。

标准字体——楷书

楷书，也叫"真书"或"正书"，因为可以作学习写字的楷模，所以有了"楷书"这个名称。楷书出现在东汉末年，是由隶书（汉隶）演变而来，到了隋（公元581-618年）唐（公元618-907年）时期已经相当成熟。由于楷书比隶书好写，比草书好认，所以一直用到今天，成为使用最广泛、通用时间最长的标准字体。

隶书和楷书笔画比较。楷书笔画明显失去了隶书的波势，一些笔画收笔处的上挑也不见了

隶书	春江花月夜
楷书	春江花月夜

最方正的汉字 据说三国（公元220-280年）时期魏国大臣钟繇写出了最早的楷书。钟繇把隶书的波势笔画改为横平竖直，横、撇、捺的收笔处也不再向上挑起，出现了钩笔画，形体也更加方正。这些变化使字的书写更加方便，这实际上也是字体的一种简化。楷书字形方正工整，结构匀称严谨，笔画线条丰满美观，方块形的汉字完全定型。很明显，楷书和隶书在形体结构上基本相同，不同的只是在用笔上，楷书笔画平直，没有隶书的波势和收笔处的上挑。

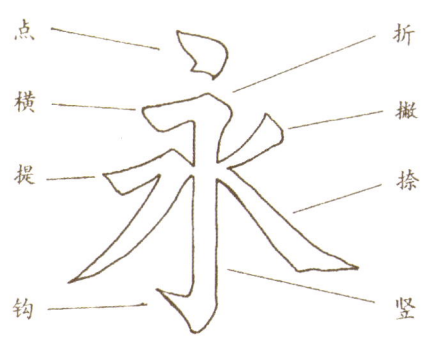

点　横　提　钩　折　撇　捺　竖

"永字八法"示意图

永字八法 古代学习写楷书的"永字八法"，清楚地展示出楷书的8个基本笔画：点、横、竖、撇、捺、折、提、钩。反复写"永"字，就能掌握好楷书的基本笔画，这是古代人练习写楷书的好办法。

颜筋柳骨 古代有很多写楷书写得很好的大书法家，他们的不同风格也体现在笔画线条上。例如唐代颜真卿的字笔画肥壮，柳公权的字笔画瘦硬，人们就用"颜筋柳骨"或"颜肥柳瘦"来形容两人不同的楷书风格。再例如，唐代欧阳询的楷书圆畅方挺，元代（公元1206-1368年）赵孟頫的楷书圆润流利。人们称颜真卿、柳公权、欧阳询、赵孟頫为中国"古代四大楷书家"。

颜真卿（公元709~785年）

39

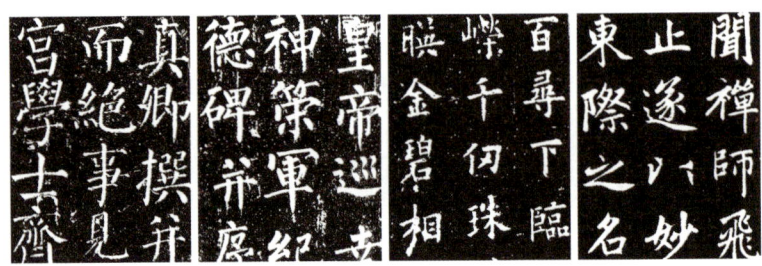

颜真卿的楷书　　柳公权的楷书　　欧阳询的楷书　　赵孟頫的楷书

最常见的字体　今天人们使用的汉字就是楷书印刷体和楷书手写体。自从宋代（公元960~1279年）发明印刷术以来，楷书一直作为印刷书籍报刊的主要字体（楷体及楷书的变体，即宋体、仿宋体、黑体等）。这些印刷体又按字体的大小，分成不同的字号，用来满足印刷的需要。印刷体笔画横平竖直、清晰美观，结构整齐匀称，受到人们喜爱。目前使用的简化字，也是对繁体楷书的简化。汉字经过简化，用起来就更加方便了。

楷书是汉字演变最后阶段的字体。楷书形成以后，除了形体还在继续简化以外，就没有什么大的变化了。

龙飞凤舞的草书

草书是对隶书的简化和连写，草书打破了汉字的方块形，线条飞舞，笔画相连，生动而有气势。草书很难辨认，实用性很差，但艺术欣赏性很强。草书分章草、今草和狂草三种，狂草写起来龙飞凤舞，作品具有美妙的艺术境界，历来受人喜爱。中国有很多写草书的好手，如唐代大书法家张旭的狂草就写得非常好，他的狂草自由奔放，充满动感和激情。人们喜欢张旭的草书，称他为"草圣"。

张旭的狂草《古诗四帖》
（部分）

书圣——王羲之

流畅实用的行书

  行书是快写楷书形成的，这种字体没有楷书那么工整，但也不像草书那么草率，是处于楷书和草书之间的一种字体，很容易辨认。如果说楷书如"坐"，草书如"飞"，那么行书就是"走"了，"行"字的本义就是"走"。行书的实用性很强，人们平时所写的字就是行书。中国古代行书写得好的大书法家很多，东晋时期的王羲之就是其中的一个。王羲之是中国古代杰出的大书法家，楷书、行书、草书写得都很好，人们称他为"书圣"。王羲之用行书写的《兰亭序》，字体秀美，书写流畅，被誉为"天下第一行书"。

王羲之的行书《兰亭序》（部分 唐代摹本）

汉字发展的主流

　　好的文字是表义明确、书写快速的文字。在汉字发展史上，对汉字的简化一直没有停止过。当然，为了表义清楚，汉字形体有时也有繁化，但简化一直是汉字发展的主流。汉字的历史就是一个不断简化的历史。

　　一个汉字如果有两个或两个以上的形体，那么笔画多的叫繁体，笔画少的叫简体。自古以来，汉字一直存在着繁体和简体，也一直进行着简化。

历史上的汉字简化

　　千百年来，汉字一直存在着难认、难写、难记的问题，为了改变这种情况，人们总是在想办法把字写简单些，在汉字发展史上，这种简化一直没有停止过。中国古代对汉字曾经有过多次大

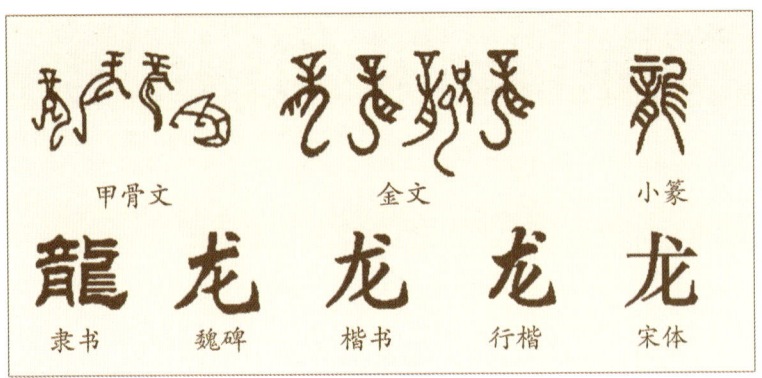

　汉字形体演变示意图

清代（公元1616—1911年）名画《姑苏繁华图》中的牌匾上有许多简化字。古代民间不断创造出笔画简单的简体字，当时被称为"俗体字"

"车（車）"字的简化。图中的字均为古文字"車"，这些象形字真实地描绘了古代战车的样子。主图为河南安阳出土的商代木战车（复制品）

的简化，例如由大篆演变为小篆，由篆书演变为隶书等。民间更是不断地创造出笔画简单的简体字，也许大家想不到吧，在今天使用的简化字中，采用最多的就是这些被称作"俗体"的简体字。有些人认为现在使用的简化字，是今天的文字学家坐在屋子里造出来的，这实在是一个很大的误解。

云	网	胡	电	从	众	虫	来	杯
寿	与	发	声	怜	亲	旧	当	党
亚	坏	凤	总	灯	战	机	虽	担
务	边	实	尔	无	气	礼	个	处
宝	时	节	声	梦	厅	灵	远	劝

古代简体字。这些古代人创造的并在古代民间使用的俗体字，今天已成为人们日常使用的规范简化字

43

今天的汉字简化

1949年新中国建立以来，中国政府对汉字的规范工作主要是简化汉字，简化汉字包括两个内容：一个是减少笔画，一个是减少字数。现在中国大陆使用的简化字，是中国政府从1956年起，在分四批推行简化字的基础上确定的。1964年国家发布了《简化字总表》，1986年重新发表，一共用2235个简化字代替了2263个繁体字，简化字已占通用字总数的三分之一。经过简化，汉字的笔画减少了近一半，书写起来快多了。

简化偏旁	貓→猫	億→亿	蘋→苹
保留轮廓	龜→龟	來→来	齒→齿
同音代替	穀→谷	後→后	幾→几
符号代替	漢→汉	艱→艰	歡→欢
草书楷化	書→书	長→长	學→学
使用局部	飛→飞	聲→声	開→开
采用古体	塵→尘	雲→云	從→从

汉字简化主要的几种方法

杯——盃	略——畧	启——啟
哲——喆	岳——嶽	峰——峯
考——攷	群——羣	同——仝
叫——呌	采——採	布——佈
决——決	辉——煇	减——減
迹——蹟、跡	回——囬、囘、廻

常见异体字示例。每组前面的是规范字，后面的是已废除的异体字

减少笔画 简化字主要是减少了笔画，如"貝"简化为"贝"，"優"简化为"优"，笔画少的"贝"和"优"就是简化字。很多简化字是可以作偏旁的，这样一来，又使一大批汉字减少了笔画，如"贝"做偏旁的字"财"、"购"、"资"、"贵"等。简化字的形体比繁体字简明，好学好记，写起来又快，受到人们欢迎。这里，需要指出的是，由于笔画的减少，简化字的形体的确丢失了一些文化内涵，但显示文字形体的文化内涵不是文字的主要功能，文字的主要功能是书写使用。

今天，凡是不符合《简化字总表》规定的字都属于不规范字，像已经被简化的繁体字，例如"學（学）"、"習（习）"等；

自造简化字。在生活中常常能见到人们自造的简化字（有的为别字），虽然字形简单，有的还很有趣，但是属于不规范字，应该停止使用。图中汉字的规范写法是：食品、白菜、韭菜、鸡蛋、啤酒、舞厅、电影

《总表》里没有的或自造的简化字，例如"亍（街）"、"辺（道）"、"坊（场）"、"尸（展）"、"歺（餐）"等，都不应该使用。应当注意的是，繁体字虽然是不规范字，但不是错字，在古籍整理、中文研究和书法作品中还是要使用的。

现在，使用简化字越来越广泛，不但中国大陆在使用，国际上也在使用。联合国文件的中文文本使用的也是简化字。目前，全世界使用简化字的人数超过了13亿。

减少字数　简化汉字的另一个内容是减少字数，主要是指废除异体字。异体字是同音、同义而不同形的字，也就是一个字有多种写法的字。废除异体字就是只保留一种写法，废除其他的写法，如"解决"的"决"字，不能写成"决"，这个"决"字就是异体字，不要再使用了。

简化字便于人们书写，显示了人民的智慧。中国古代对汉字曾经有过多次大的简化，现在中国大陆通行的简化字，只是又一次大的简化而成，而这种简化实际上是对长期以来民间简体字的

一次大的总结整理和规范化。将来，汉字还会不会继续简化？答案是肯定的。

　　现在使用的汉字中还有一批笔画多、结构复杂的字，如"餐、警、鼻、籍、嚼、藏、舞、繁、微、赢、嘴、鹰、翻、鼠、爆、懂"等，这些字都是常用字，很有必要简化。应该看到，这些笔画多的常用字对于学写汉字的人来说还是很难的，有必要对笔画多、结构复杂的字再进行适当的简化。

　　从汉字的起源和发展来看，汉字经历了原始图形文字——古文字——今文字三个阶段，走过了至少5000年漫长的历程；从汉字形体演变来看，由甲骨文到现代汉字，汉字形体经历了一个由图画到笔画、由象形到象征、由复杂到简单的过程，或者说，由像图画的"线条文字"发展为不像图画的"笔画文字"的过程，简化一直是汉字发展的主流。

汉字的构造

汉字起源于图画。最初的汉字，就是人们对见到的事物的描画。汉字总数有五六万个，这么多汉字都用画画儿的方法造出来显然是不可能的。事实是，聪明的古代中国人很早就用象形、指事、会意、形声这四种方法来造字了。

古老的"六书"构造说

在东汉研究汉字的名著《说文解字》中，作者许慎用"六书"构造说分析归纳古汉字，开创了汉字形、音、义综合研究方法，对中国的古文字学做出了贡献。书中留下的大量的古文字资料，已成为汉文字学研究的宝贵财富。

许慎其人

许慎，东汉时期的人，中国古代著名的文字学家。许慎研究汉字的构造，写出了著名的《说文解字》。书中，许慎用"六书"理论分析了汉字的结构，首次使用了汉字的部首。《说文解字》是中国第一部古文字字典。

古文经学与今文经学之争

西汉时期，汉武帝（前157–前87年）为加强国家的统一，以孔子、孟子的儒家思想作为封建统治思想，独尊儒术，从而兴起了对儒家经典的研究，这就是"经学"。为了学习儒家思想，汉武帝在长安创立了"太学"（古代设立在京城的国家大学），专门设立"五经博士"（"博士"相当今天的教授）讲授儒家的五部经书。

许慎像

孔子故宅"大成殿"。据说，秦始皇焚书时，孔子后代把《论语》、《尚书》、《春秋》等很多大篆体儒家经书藏在孔府的"鲁壁"中，西汉汉武帝时被发现。这些大篆体儒家经书就是古文经书

当时的经书是用通行字体隶书写成的，隶书属于"今文字"，所以这些书被称为"今文经"；汉武帝末年，一些用"古文字"大篆书写的经书，在孔子故宅墙壁中被发现，这些书被称为"古文经"。两种文字的不同，影响了人们对经书的理解，于是出现了今文经学派和古文经学派长达200年的论争。为了更准确地解释古文经和今文经，东汉人许慎（古文经学派）用了22年时间，写出了一部分析古文字结构的字书《说文解字》。

《说文解字》

《说文解字》共15卷，收字9353个，分列540个部首。许慎以小篆为主体字分析字形结构，全面解释了小篆字体的形、音、义，使这部书成为中国第一部古文字字典。《说文解字》根据小篆字形解释字义的方法，为我们了解汉字的结构和把握字的本义带来了很大的方便，使它至今仍是一部非常有用的古文字工具书。许慎没

《说文解字》"丝"部的首页书影。"丝"部的字都由偏旁"纟"构成，排列在最前面的那个小篆体的"纟"就是部首

见过甲骨文，影响了他在《说文解字》中对一些字分析的可靠性，但基本内容是正确的。许慎开创的汉字形、音、义综合研究方法，发明的汉字部首检字法，著作中留下的大量的古文字资料，已成为汉文字学研究的宝贵财富。

许慎在《说文解字》中论述了汉字"六书"构造说，也就是通常所说的汉字的6种造字方法：象形、指事、会意、形声、转注、假借，并用"六书"分析了9353个汉字的构造。不过后来的文字学家多认为，转注和假借是用字方法，不是造字方法。许慎用"六书"构造说分析归纳古汉字，是对中国古文字学的重大贡献，直到今天，"六书"对分析现代汉字的形体结构仍然有一定的作用，今天使用的简化字中有将近半数能用"六书"原则来分析。

【部首】

部首是为了便于查字典设立的，是许慎的一大发明。在《说文解字》中，许慎在所收的9353个字中，把偏旁相同的字作为一部，共分成540部，每个部的第一个字就是部首，这样就有了540个部首。部首表示的是大"类"，540个部首代表了540大类事物，每类事物又包括很多事物。现在一般字典有200多个部首，统领着数万个汉字。部首的创立，不仅方便了查阅字典，更重要的是突出了汉字的表意功能，这对识认和使用汉字很有帮助。目前，在中国主要的字典词典中，《辞源》有214个部首，《汉语大字典》和《汉语大词典》有200个部首，《辞海》有250个部首，《新华字典》有189个部首，《现代汉语常用字表》有201个部首。

汉字的造字方法

　　汉字的造字方法是汉字出现以后，根据大量汉字的结构方式总结出来的。了解汉字的造字方法，实际上就是了解汉字的构造。汉字的构造方式比汉字的形体演变重要得多，形体演变只是汉字的书写问题，而构造方式决定了汉字的本质变化。《说文解字》提出了汉字"六书"构造说，也就是通常人们所说的汉字的六种造字方法，其实汉字的造字方法只有四种，即"六书"中的前四书：象形、指事、会意和形声。用这四种造字法造出的字，分别叫象形字、指事字、会意字和形声字。象形字、指事字和会意字都以形表意，没有表音成分，是纯表意文字；形声字是半表意半表音的表意文字。转注不重要，假借却在汉字发展史上起过重要作用。也有人说，转注和假借的结果扩大了字的使用范围，也好像是在造字。

画出事物的形状——象形字

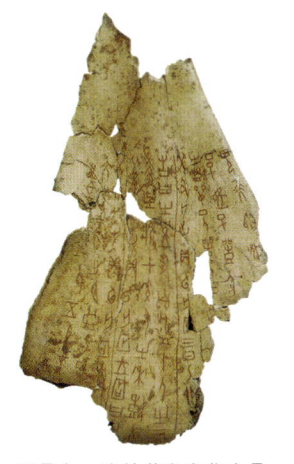

甲骨文。这块著名商代牛骨刻辞上的象形字刻画得十分生动

　　象形字是一种用线条描画事物形状的字，比较像图画。汉字中的象形字不多，但它是汉字的基础。象形字是单一形体，不能再分成两个字或两个以上的字，所以叫"独体字"。

　　能读的"图画"　古代中国人"近取诸身，远取诸物"，以人本身和动物、自然事物为描画对象，造出了一些图画一样的象形字。最早造出的象形字都是名词字。这些字不仅能够表意而且还有读音。例如古文字"⊙（日）"像太阳，读作rì；"⋀（山）"像山峰，读作

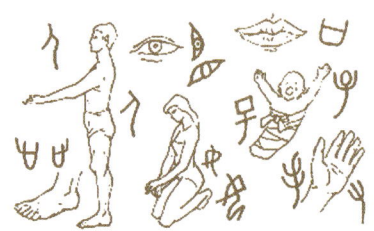

以人本身造出的特征鲜明的象形字

这些描画动物的象形字表现了动物的典型特征

一些简化字中的新象形字看上去比繁体字还象形

自然事物在古人笔下成为有趣的象形字

shān；"彳（人）"像侧立的人形，读作rén；"鹿（鹿）"就像一只奔跑的小鹿，读作lù。它们都能读出语音来，它们是文字，不是图画了。

画出事物特征 古老象形字最突出的特点是，能准确描画出不同事物的典型特征，例如古象形字"日（日）"的圆形、"月（月）"的弯形、"山（山）"的稳固、"水（水）"的流动、"人（人）"的站立、"子（子）"的大头、"女（女）"的姿态、"鹿（鹿）"的角、"马（马）"的鬃、"牛（牛）"的直角、"羊（羊）"的弯角、"象（象）"的长鼻、"犬（犬）"的卷尾、

"𤞤（猪）"的肥体和向下的尾巴、"𪖨（鼠）"的牙齿和细长的尾巴，都描画得准确形象、生动活泼，抽象趣味十分浓厚，它们就像一个个精美的艺术品，叫人百看不厌。

抽象的线条艺术 同为古老的象形字，象形汉字和其他一些民族的象形字是不一样的，象形汉字的线条非常简练，"画"出的事物又真实又不真实，象形汉字是对事物的一种抽象，表现的是事物的典型特征。那些古老的象形字，个个形神兼备、生动活泼，它们的抽象趣味和艺术性，跟西班牙大画家毕加索的作品相比较，也能给人以遐想。

【汉字的线条艺术】

汉字是一种线条艺术，从甲骨文到今天的汉字一直是用线条来结构形体的。线条是中国造型艺术的根基和重要特征，是中国人传统的审美情趣。中国画和汉字书法的奥秘就是线条，看懂了线条就看懂了中国艺术。值得一提的是，毕加索、马蒂斯、高更等西方绘画大师，都从东方艺术中汲取过线条的营养，从而创作出了伟大的绘画作品。

作者的钢笔画《象形汉字》。本图艺术地展现了"日、月、明、女、目、泪、木、鸟、集、牛、羊、牢、犬、京、火、止、手、草"等古汉字的象形风采

毕加索的名画《格尔尼卡》。画家以变形的形体、象征的手法构成了一幅悲惨的情景，揭露了1937年德国法西斯空军轰炸西班牙格尔尼卡小镇的暴行，画面充满强烈的感染力

象形趣味 古老的汉字形体具有浓厚的象形趣味，就是一些今天已经不象形的楷体字，也还能让人感觉到这种象形趣味的存在，例如楷体"笑"字，一副眉开眼笑的样子，越看越觉得这个字在笑；"喜"字，好像也在张口笑，让人有喜上眉梢的感觉；"哭"字，很像人在大声哭泣，看字的人也不禁皱起了眉头；商店门口表示大减价的"甩"字，就像一只手在用力向外甩东西，不要钱了；市场烟雾中的"串"字，更像一个很大的烤好的羊肉串，吸引着往来的食者；"凸"字和"凹"字，不认识汉字的人也能看懂表示的意思；"勺"字，这个上边有柄、里面还有食物的形状，也会让人发出会心的微笑。另外，像"国字脸"、"八字眉"、"八字胡"、"八字腿"、"丁字尺"这类靠汉字形象来描述事物特征的词语也是很有趣味的。

象形字要画出事物的形状，而生活中的很多事物、

语言中的很多抽象概念是画不出来的，所以在汉字中象形字的数量不多，在《说文解字》的9353个字里，象形字只有300多个，但它们是汉字造字的基础。

在"图画"上加个标记——指事字

指事字是一种用象征性符号，或在象形字（"图画"）上加上指事性符号表示意义的字。指事字也是"独体字"。数字"一"、"二"、"三"等字，是典型的象征性符号指事字；"米（本）"、"勿（刃）"、"曰（甘）"等字，是在象形字上加指事性符号的指事字，在象形字"刀"的刀口处加上一个点，指出这个地方是刀的刃；在象形字"木"的下边加上一横，指出这是树的根，"根"就是"本"；在象形字"口"里加上一横，表示这是甜美的东西，"甘"就是一种甜美的味道。"二（上）"、"二（下）"、"末（末）"、"大（亦）"、"血（血）"等，都是加指事性符号的常用指事字。指事字可以表示某些简单的抽象概念，但是要表示复杂的概念就困难了，因而，汉字中的指事字极少，在《说文解字》里只有100多个。

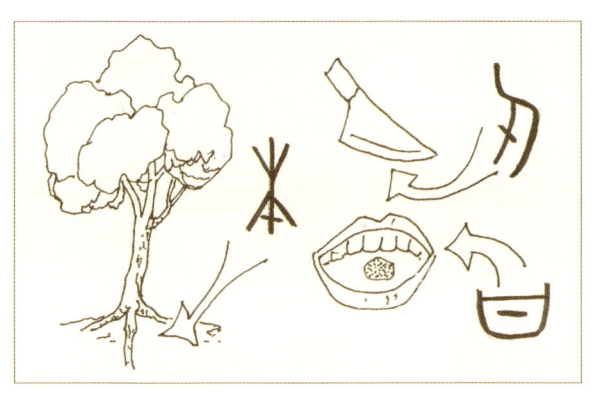

指事字"本""刃""甘"的创造

把"图画"组合起来——会意字

远古时期有些图腾是组合的，即由几个小图腾组合为合体大图腾，例如中国的龙就是一个合体大图腾。会意字也是这样造出来的，就是用两个或几个象形字（"图画"）组成一个新字，表示一种新的意义。可见，会意字的形体是合成的，字义也是合成的。会意字是"合体字"。会意字造字灵活，数量比象形字和指事字要多。会意字结构巧妙，是最有趣味性的文字。会意字分同体会意字和异体会意字两种。

我们先来欣赏一个会意字"爨"字，体会一下会意字的妙趣。

汉字"爨"是烧火做饭的意思，它由很多象形字组成，笔画很多。它的小篆体字形是这样的：上半部分是一双手把甑（蒸食物的锅）放在灶上，下半部分是一双手正在把燃烧的木材推进灶中，整个字形描画了烧火做饭的情景。不认识这个字的人也会看懂字的意思。"爨"的字义就是"烧火做饭"，这个字现在已经很少用了，还没有简化，可以说是一个最复杂最有意思的会意字。

会意字"爨"的造字。"爨"字是一幅古代烧火做饭图。图的左边是小篆体"爨"字，仔细看还是很象形的

会意字分同体会意字和异体会意字两种，其中，异体会意字比较多。

远古合体图腾。把两个或几个事物（或图腾）组合成一个大图腾，这类图腾对汉字会意字的形成也许有启发意义，其中有的已经被认为是会意的汉字了。图为著名的三个远古氏族合体大图腾：仰韶文化半坡人面鱼纹（左）、良渚文化神人兽面纹（中）、大汶口文化〝旦〞字纹（右）

同体会意字　同体会意字由相同的字组合而成。例如"〓（林）"，由两个"木"字组成，表示很多树木形成的树群（树林）；"〓（森）"，由三个"木"字组成，表示树木更多、面积更大的树群（森林）。"林"和"森"这两个字的意义，是由两个和三个相同的字的意义会合后产生的，这两个字就是同体会意字。"北"、"从"、"炎"、"磊"、"淼"、"晶"等常见字，也都是同体会意字。

异体会意字　异体会意字由几个不同的字组合而成。例如"〓（休）"，由"人"和"木"两个不同的字组成，一个人靠

北（〓）二人背靠背，表示相背
从（〓）二人向左，一前一后，表示跟从
比（〓）二人向右，一前一后，表示相比
化（〓）二人上下倒置，表示变化
众（〓）三人组合，表示人多

由〝人〞字组合的同体会意字

着树，表示休息；"⊙⫛（明）"，由"日"和"月"这两个发光的字组成，表示光明。"休"和"明"这两个字的意义，都是由两个不同的字的意义会合后产生的，这两个字就是异体会意字。"⊠（安）"、"⺮（友）"、"⺊（看）"、"⺈（见）"、"⿱（宿）"、"⿳（寒）"等字，都是常用异体会意字。在汉字中，这种靠不同字的组合表示字义的会意字是比较多的。

这里，我们来欣赏一些有趣的异体会意字：

见（⺈）

由"目"和"人"组成。用一个特别大的眼睛表示看见了什么，即通常所说的"眼前一亮"。"见"和"看"不同，"看"是动作，"见"表示"看"的结果。用突出眼睛的方法来表示这种结果，很巧妙！

祭（⿰）

由"示（祭台）"、"⺕（手）"和"⺼（肉）"组成。一只手把一块肉放到祭台上，供献给神灵或祖先，进行拜祭。常用的词有"祭祀"、"拜祭"、"祭奠"、"公祭"等。

盥（⿳）

盥，由"手"、"水"和"皿"组成一幅洗手的图画：两只手中间有水，下面是盛水的盘。"盥"就是洗手洗脸的意思，如中国一些公用洗手间门口就有"盥洗室"的标牌。

艺（）

"艺"原来是个会意字，甲骨文的"艺"由"人"和"木"组成：一个人跪在地上用双手种植树苗，所以"艺"的本义是种植。种植树木是一种经验和技术，后来引申为技艺，如"艺术"、"武术"、"美术"等。简化字的"艺"成为形旁是"艹"、声旁是"乙"的形声字。

祝（）

甲骨文的"祝"字很像一幅拜祭的图画：一个头很大的人跪在祭台前拜祭，希望得到神灵的祝福。由"祝"字组成的常用词很多，如"祝贺"、"祝福"、"祝愿"、"庆祝"、"敬祝"等等。

涉（）

左脚或右脚向前迈出一次，就是一步，也就是古"步"字。古"涉"字，在两只脚中间画了一条河，组成了一幅趟水过河的图画。"涉"字的字义就是用脚趟水过河。

灾（）

这是甲骨文"灾"字中的一个，由"宀"和"火"组成。很明显，屋子里着火了，今天使用的简化字采用了这个古老的字。除了"火灾"以外，其他的灾难也用"灾"字，如"水灾"、"旱灾"、"风灾"、"虫灾"、"震灾"等等。

牧

"牧"的字义是放养牲畜。古"牧"字非常有意思：前边是牛，后边是一只手拿着木棍儿或树枝（又"攵"字）赶牛，组合成一幅有趣的放牧图。由"牧"字组成的词都是这个意思，如"放牧"、"游牧"、"牧羊"、"牧马"、"畜牧业"等等。

进

这又是一个精彩的会意字，表现了古代人对事物极强的观察力。甲骨文"进"字，上边是一只鸟（"隹"字），下边是一只脚（"止"字），表示鸟在地上向前行走或向前跳动，鸟走路只能向前，它是不会向后倒退的。所以，字本义是向前行进。后来"止"变成"辶"，这就是繁体"進"字。现在"進"简化为"进"，成了一个形声字。

休

由"人"和"木"组成。一个人累了靠着树，表示休息。这是古代室外劳动者日常生活的写照。常用词有"休息"、"休闲"、"休假"、"休整"、"退休"等等。

相

一只眼睛仔细看着对面的一棵树，树与眼睛两两相对，这个字就有了观察、互相的意思。唐朝大诗人李白的诗"相看两不厌，只有敬亭山"，写的就是诗人和敬亭山互相对看，诗中的山有了人的感情。

寒（）

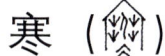

由“宀（屋）”、“艹（草）”、“人”和“冫（冰）”组成。一人缩在屋内草中，地上还有冰，使人感觉非常寒冷。现代汉语表示很冷的词多有“寒”字，如“寒冷”、“寒风”、“严寒”、“寒假”、“天寒地冻”等。

津（）

“津”的字义是“渡口”。甲骨文的“津”字简直就是一幅渡口情景的速写画：一个船工站立船头，他手握竿用力撑船，正在渡河。“津”字后来去掉了船（舟），只采用了河水（氵）和手握竿（聿）进行组合，字义仍然是很清楚的。中国的大城市“天津”，意思就是“天子（皇帝）的渡口”。明朝（1368—1644年）的永乐皇帝在夺取皇位的战争中，他的军队在天津渡河后取得了胜利，之后他做了皇帝，命名这个渡河的地方为“天津”。

梦（）

这是一个非常有意思的字。甲骨文描画的是人躺在床上做梦的图景：他睁着大眼睛，闪动着眉毛，好像“看见”了梦中的事情。后来的字，去掉了床，增加了表示夜晚的“夕”，眉毛也变了形。现在的简化字写作“梦”，做梦的图景一点儿也看不到了。

逐（）

“逐”的字义是“追赶”。古“逐”字的造字十分巧妙：前边一头野猪（“豕”字）在跑，后边是一个人的脚形（“止”字），表示猎人在追逐野猪，后来“止”字变成表示行走意思的形旁“辶”。

朝 (𦩝)

朝字表示早晨。古文字的左边，上、下是"木"，中间是"日"，表示太阳刚刚从东方
升起，位置还没有树高；字的右边是"月"，表示在西边的天空上还能看见月亮。这不
正是日月同在的早晨的自然景象吗？

莫 (𦱴)

古莫字表示日落的时候。古文字生动地描绘出太阳西下的情景：太阳落在了一片草
中，位置已经很低，表明白天即将结束，夜晚就要来临了。现在，表示这个意义的
是"暮"字，这是因为后来"莫"被借用作表示"不要"、"不"等意义的词了。为了
区别这两种意义，人们只好在"莫"字下边加了一个"日"字，用新造的"暮"字来表
示日落的时候了。

还有一些异体会意字靠字的组合位置形成某种意义，如上"小"下"大"形成"尖"字、不"上"不"下"表示"卡"住等；另有一类连读成话语直接表示字义的异体会意字，如小土为"尘"、小鸟为"雀"、不正为"歪"、不好为"孬"、不用为"甭"、山石为"岩"、山高为"嵩"、大力为"夯"、合手为"拜"、分手为"掰"等。

简化字中也有很多组合巧妙的会意字值得欣赏，例如"泪"字很像眼睛在流泪水，"笔"字不就是一支上边是竹管下边有毛的毛笔吗？简化字"灶""双""对""尘""体""国""孙""宝""帘""阴""阳""盖"等，都是组合巧妙的新会意字（有的采用古俗体）。

总之，在汉字的创造中，会意字最能体现汉字的表意趣味性和中国人的智慧。

音形并茂——形声字

形声字是用一个表示意义的形旁（"图画"）和一个表示读音的声旁（音）组成的字。显然，形声字是用形旁表意，声旁表音，可以说是音形并茂了，而其他造字中的偏旁只表意，是不表音的。形声法打破了单纯表意的造字方法，可以大量造字，成为汉字主要的造字方法。现

【文字】

在古代"文"和"字"是不同的两个概念。古代文字学家把没有偏旁的独体字叫"文"，如象形字、指事字；把有偏旁的合体字叫"字"，如会意字、形声字。"文"和"字"大致反映了汉字纯表意和兼有表音这两个文字发展阶段。许慎在《说文解字》中说："仓颉之初作书，盖依类象形，故谓之文，其后形声相益，故谓之字。文者物象之本，字者言孳乳而寝多也"，这段话说的就是这个意思。现在"文字"早已成为一个双音节名词了，独体字和合体字都称作"文字"。

形旁	声旁	汉字
氵	胡（hú）	湖（hú）
氵	青（qīng）	清（qīng）
氵	州（zhōu）	洲（zhōu）
氵	肖（xiāo）	消（xiāo）
氵	气（qì）	汽（qì）
氵	农（nóng）	浓（nóng）
氵	林（lín）	淋（lín）
氵	干（gān）	汗（hàn）
氵	羊（yáng）	洋（yáng）

形声造字法之一：形旁＋声旁

声旁	形旁	汉字
包（bāo）	扌	抱（bào）
包（bāo）	月	胞（bāo）
包（bāo）	饣	饱（bāo）
包（bāo）	氵	泡（pào）
包（bāo）	足	跑（pǎo）
包（bāo）	衤	袍（páo）
包（bāo）	火	炮（pào）
包（bāo）	刂	刨（bào）
包（bāo）	艹	苞（bāo）

形声造字法之二：声旁＋形旁

在，汉字的80%以上是形声字，常用字中的形声字也达到了70%。形声字也是"合体字"。

给"图画"标上音 象形、指事、会意只能造出少量的字，因为完全靠字形与词的意义发生联系，往往很困难，例如"湖"字用这三种造字法造字就很麻烦，而对形声法来说却很容易，形声法只用"氵"（水）作形旁，表示是有水的一类事物（形旁"氵"的古文字形"💧"就是一幅流水的图画），用已有的"胡（hú）"字作声旁，表示字的读音，"湖"字就造出来了。如果声旁改用表示其它读音的字，就能造出更多的跟水有关的字。

给音配上"图画" 用一个表示读音的字作声旁，分别加上表示不同意义的字作形旁，同样可以造出很多读音相同或相近的形声字来。例如用读音为"bāo"的"包"字作声旁，就能造出"抱（bào）""苞（bāo）""跑（pǎo）"等很多跟"包"字音同或音近的形声字来。

形声字的结构 形声字形旁和声旁的组合有六种方式：左形

右声、右形左声、上形下声、下形上声、外形内声、内形外声。其中，左形右声的最多，上形下声的也比较多。

形声造字法在今天的汉字简化中还在使用，简化字中就有不少形简、声准、义明的新形声字。例如"拥""护""担""拦""栏""战""惊""响""吓""虾""态""亿""忆""艺""让""坟""疗""园"等，都是简化成功的新形声字。

汉字表意功能的提升 形声法是一种进步的造字方法，它不再单纯用画画儿的方式造字，这就突破了单纯表意造字的局限，大大增加了汉字的数量，形声字也因而成了汉字的主体。形声字有了表音声旁，说明汉字在向表音方向发展，但是从根本上说，汉字还是表意体系的文字。这是因为占汉字绝大多数的形声字有表意形旁，形旁都有较强的表意功能；而声旁实际上也是一个借来充当读音的表意文字，如形声字"妈"中的"马"是表意象形字、"淋"中的"林"是表意会意字（其中的"木"还是个象形字）；此外，汉字还有很多直接用形体表意的象形字、指事字和

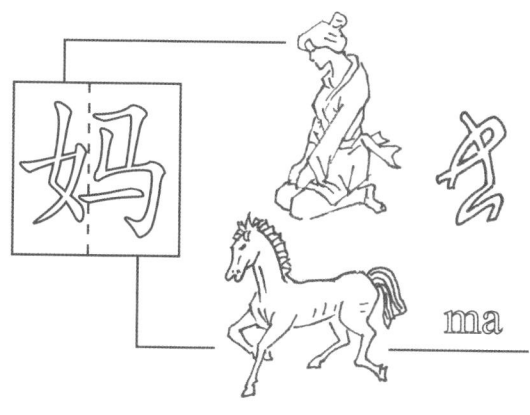

"妈"字的创造。"妈"字中的形旁"女"是象形表意文字，表示妈妈是女人；声旁"马"是借来表音的，原来是表示马的象形表意文字

会意字；更为重要的是，形声字的大量出现，实际上扩大了表意形旁的使用，使汉字的表意功能得到了增强，因而，当形声字成为汉字的主体时，反而更凸现了汉字的表意性质。于是，我们找到了一个问题的答案，形声字在汉字中的巨大数量和形旁较强的表意功能，应该是汉字最终没有走上表音道路的一个重要原因。

汉字经过长期演变，今天，很多形声字声旁的表音已经不太准确，在学习和使用时，应该注意这一点。

相互解释——转注字

转注是古"六书"中比较特殊的一种用字方法。一般认为，转注字指部首相同、字义相同、读音相近的一组字。《说文解字》用"老"和"考"这两个字对转注作了说明，说这两个字都在"老"部，读音相近，字义相同，都是岁数大的意思，"老"就是"考"，"考"就是"老"，这就叫"转注"。转注字很可能是不同地区的人们用不同的方言记录同一事物形成的。转注是一种古代人用字义解释字的用字方法，不是造字方法，例如"老"是一个会意字，"考"是一个形声字，它们都不是新造的字。像"顶（dǐng）"和"颠（diān）"、"芳（fāng）"和"芬（fēn）"、"绩（jì）"和"缉（jī）"，就都是转注字。

同音代替——假借字

假借字是汉字发展过程中的重要字体。假借，是借用已有的字来记录语言中新产生的同音词的一种用字方法。这里的"假"就是借的意思。

在汉语言中往往有这个词，但没有这个字，而且很难造出这个字，怎么办？最简单的办法，就是借用一个别的字。例如会意字"北"，像两人相背而立的样子，原义为相背、违背。当时没有表示方向的读音为"běi"的字，因发音相同，就顺手把这个会意字"北"拿来，借用为表示方向的"北"了。今天，"北"字的本义已经消失，作为假借字，只用来表示方向。显然，假借用的是"同音代替"的方法，即只借用已有字的字音（当然包括字形），不用它的字义。不过，也正是有了这种实用的假借，语言中大量很难造字的词才被记录了下来，这是假借在汉字发展史上的一个特殊作用。假借是因为字不够用才产生的现象，在汉字数量还不太多的商周时期，假借字非常多，有人统计，当时甲骨文的70%是假借字，有的甲骨片上的假借字达到了100%，可以说，甲骨文时代是假借字时代。

当一个字被借走作了表示别的意义的字后，就会出现一字多义的情况。还以"北"字为例，当"北"字成为假借字后，这个"北"字是表示相背、违背的原义呢？还是表示作为方向的

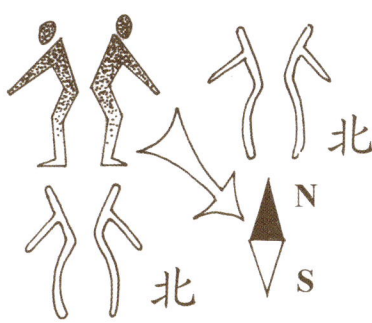

表示相背义的"北"字被借走作了表示方向的"北"

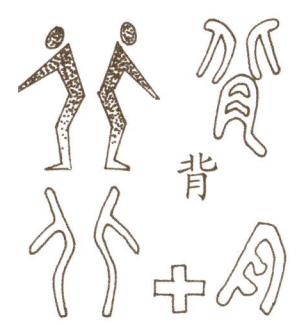

在"北"字上加"月"，造出的"背"字表示"相背"的原义

借义呢？为了把原字和借字的意义区别开来，就要另外造一个表示原义的字，例如在"北"字上，加上表示身体意义的形旁"月（肉）"，造出一个"背"字，这样，表示原义的字就有了。这种用加上形旁来解决假借带来用字混乱的方法，其实就是"声旁＋形旁"的形声造字法。大部分形声字就是这么造出来的。可以说，假借这种用字方法使形声字大量产生，这是假借在汉字发展史上的一个意外作用。

假借是古今共同的用字方法，古代的假借字很多，现代也是这样。今天，在我们日常生活中使用的字词里假借字非常多，下面这些常用字都是假借字。

甲	乙	丙	丁	东	西	南	北	之	乎	者	也
而	其	要	莫	亦	勿	七	九	须	何	止	我
来	易	都	会	能	骄	且	又	花	自	难	它
应该		可以		咖啡		纽约		丁冬	光当	哗拉	滴答

现代汉字的形体结构

在中国人眼中，汉字的形体结构是有层次的，书写也是有顺序的，所以写起汉字来毫不困难，而且很熟练，就像他们吃饭使用筷子一样。现代汉字是由笔画构成的方块形体，其形体结构具有三个层次：笔画——部件——整字。其中，部件是汉字形体结构的核心。

笔画和笔顺

笔画 笔画是组成汉字形体的各种点和线。写字时，从笔落到纸上到抬起笔，就是一笔或一画。汉字有八种基本笔画：点、横、竖、撇、捺、折、提、钩。另外，这些基本笔画多数有自己的变体，例如竖，除了有短竖、长竖外，还有竖撇、竖折、竖提、竖钩、竖弯钩等等。汉字就是由汉字的基本笔画和变体笔画构成的。现代汉字是方块形的，汉字的笔画没有圆形，也很少弧形，只有撇和捺略有一点弯度，基本上是直线。例如太阳是圆的，写出的"日"字却是方的，是由直线笔画组成的。在各种笔画中，横笔和竖笔最多，横平竖直是对写汉字的基本要求。每一个规范汉字，笔画的数目、形状、位置都是一定的，不能随意改变。

基本笔画	名称	种类	名称	例字
丶	点	丶	斜点	主、下
		ノ	左点	小、办
一	横	一	长横	十、下
		一	短横	士、未
丨	竖	丨	长竖	丰、上
		丨	短竖	列、止
ノ	撇	ノ	平撇	乎、千
		ノ	竖撇	风、片
丶	捺	丶	斜捺	八、文
		一	平捺	之、这
㇆	折	㇆	横折	国、五
		㇄	竖折	区、母
丶	提	一	斜提	打、习
		丨	竖提	比、饭
㇄	钩	㇀	横钩	买、军
		亅	竖钩	小、可
		㇄	竖弯钩	七、儿

汉字的主要笔画

独体字	合体字	独体字	合体字
土	城、场	王	理、现
月	请、清	车	辆、轿
木	林、松	火	灯、烧
禾	秋、稻	又	欢、对
七	切	己	改
半	叛	足	跑

笔形变化示意。这些独体字作左偏旁时笔形都发生了变化，目的是为了保持形体均衡和书写方便

　　为了汉字形体的均衡美观，也是为了更方便地书写，现代汉字的笔画会在字的某一部位发生笔形变化，例如，当左偏旁的最后一笔是横笔时，横一定要变为提，如"地""现""轮""孩"等字左偏旁最后的那一笔；当左偏旁的最后一笔是捺时，捺一定要变成点，如"林""灯""利""剩"等字；当"月"在字的下方作偏旁时，第一笔竖撇一定要变成竖，如"青""前""能""谓"等字中"月"的第一笔。这种笔形变化，在写汉字时也应该注意。

　　笔顺　写汉字时笔画的先后顺序就是笔顺。汉字的笔顺规则是：先横后竖（十），先撇后捺（人），先上后下（二），先左后右（川），先外后内（月），先中间后两边（小），先进去后关门（国）。按笔顺写字，不仅字能写得快写得好，还能帮助我们把

写字应当讲笔顺，
掌握规则笔有神。
先横后竖上到下，
先撇后捺左右分。
写完中间再两边，
要让中间大而沉。
从外到内要记住，
进了屋子再关门。

笔顺歌

握汉字的结构。写汉字不按笔顺写，叫"倒插笔"，倒插笔写不快也写不好汉字，也不利于把握汉字的结构。例如写"进"字，正确的笔顺是先写"井"后写"辶"，这样写可以使笔顺利到达下一个笔画的书写位置。

部件

一般来说，部件就是我们常说的偏旁，由笔画组成。部件是汉字的基本构字单位，大于笔画，小于整字。部件分成字部件（即独体字）和不成字部件（由独体字变形而成的偏旁）两种。在现代合体字中，部件就是偏旁，例如"好"字就是由成字部件"女"和成字部件"子"构成的，这两个部件就都是偏旁；"谢"字是由不成字部件"讠"和成字部件"身""寸"构成的，这三个部件也都是偏旁；"衫"字的偏旁是"衤"和"彡"，它们都是不成字部件。

一千多年前许慎的《说文解字》，就是按照部件（偏旁）来分析汉字形体的，因为汉字的造字法首先造出的是独体字，再由独体字组成合体字，这些独体字实际上就是合体字的部件。通过部件来学习汉字，可以帮助学习者把字形和字义、字音联系起来；另外，多掌握一些部件对查字典也是很有好处的。现在汉字已经成功地输入电子计算机，所采用的"字根法"，就是在部件分析的基础上形成的。

部首

前面介绍过许慎发明了"部首"，"部首"就是在字典中把偏旁相同的字作为一部，排列在每一部的首位（第一个）作标记的那个偏旁字，如"木""人"等。木部中的字都有"木"字旁，人

部中的字都有"人"字旁。简单说，部首就是"一部之首"的意思。一般来说，部首就是偏旁，但偏旁不一定都是部首，例如形声字的声旁也是偏旁，但它们是表音的，一般不作部首。多数部首是表意形旁。有了部首，查字典就方便多了。

| 人（亻）、子、女、足、页、目、口 |
| 耳、月、手（扌）、舌、衣（衤）、又 |
| 水（氵）、贝、车、舟、马、木、止 |
| 疒、皿、火（灬）、心（忄）、纟、鸟 |
| 宀、土、山、石、气、示（礻）、虫 |
| 门、忄、立、钅、讠、巾、广、雨 |
| 王（玉）、米、酉、鱼、立、禾、牛 |

汉字中的部首多是表意形旁

部首表示的是大"类"，一般字典有二百多个部首，这些部首就代表了二百多类事物，每类事物又包括很多具体事物，所以这二百多个部首能统领数万个汉字。例如查找树木的名称字、树木本身各部分的名称字、木制品的名称字，在部首"木"下大部分都能找到。

（一）部首目录

（部首右边的号码指检字表的页码）

《汉语词典》中的部首目录

人	木	水	土	山	左右结构	休 汗 跑 唱 棵
心	目	女	子	鸟	上下结构	花 竿 架 爸 空
羊	牛	犬	马	贝	包围结构	园 围 问 闻 辨

单部件字是独体字　　　　　　　　多部件字是合体字

整字

　　整字就是我们使用的一个个的汉字，由部件构成，是形、音、义的统一体。整字可以分成单部件字（独体字）和多部件字（合体字）两类。现代汉字中单部件字比较少，大约不到汉字总数的10%；多部件字很多，大约占汉字总数的90%以上，其中，由3个部件组成的字最多，达到了汉字总数的40%以上。

　　单部件字是由一个部件构成的字，也就是独体字。独体字虽然不太多，但多是常用字，而且有很强的造字功能。

　　多部件字是两个或几个部件构成的字，也就是合体字。多部件字是由独体字与独体字，或独体字与由独体字变形的偏旁构成的（前者如"明""森"等字，后者如"抱""笔"等字）。合体字是汉字的主体。合体字主要有左右、上下、包围三种结构方式，其中左右结构的字最多。

　　了解汉字的造字方法，就是在了解汉字的形体结构。汉字是以象形字为形体结构基础的，这就是直到今天汉字仍然有较强表意性的主要原因。我们说汉字是表意体系的文字，并不是说汉字只表意，不表声，只是说汉字从造字到使用，表意性是更为突出的特点。

汉字的奥秘

汉字选择了方块形体不会是偶然的。造字之初，中国远古先民显然经过了对方形的选择，而汉字形体的表意性和汉语音节的独立性，更决定了汉字一定是独立成块的方形形体。

汉字是视觉形体，视觉上的稳定是对方块汉字形体的基本要求，自然也有奥秘在其中。

汉字的奥秘更多地隐藏在方块形的象形笔画之中。虽然现代汉字已经不像图画了，但留下了图画的痕迹——象形因素。

汉字方块形体的成因

　　汉字是用形体表意的文字，要展示表意的视觉形象，方块形最有优势。方块形有一个二维空间，装进的东西多，线条笔画在其中能上下左右地组合，也容易形成对称，达到视觉平衡。于是，汉字选择了方块形体。

视觉上的自然选择

　　中国远古先民在造字之初，显然经过了对方形的选择，众多原始岩画、陶器刻画符号，以及早期的文字基本上是方形的。最早的文字——大汶口文化"旦"字符号，明显是个长方形体；最早成熟的文字——甲骨文以及金文，字形基本上也是个长方形；秦始皇统一的小篆体还是长方形，而且是左右上下非常对称的长方形；"隶变"之后，汉字逐渐确定了更方正的样式，我们今天使用的楷书，已经是十分规则的方块形体了。可见，方块形是汉字最基本的形体特征，汉字形体的演变走了一条由不规则方形到规则方形的道路。汉字的方块形体，是中国人在视觉上长期自然选择的结果。

　　方块形体在视觉上感觉稳定，这是因为方块形中有一个视觉中心点，这是最稳定的地方，是力的平衡点，偏离中心点，力就失去平衡。这

采用方形造型手段的现代建筑

个中心点对方块形内的所有线条笔画有一种吸引力，使线条笔画向中心靠拢，从而达到力的平衡。练习写汉字的"米字格"可以说明这一点。"米字格"的中心点由四条轴线相交而成，除了中心点稳定外，这四条轴线也是比较稳定的位置，汉字要求主要笔画都要与轴线大体吻合，这样，汉字就显得稳定。例如"水"字，它的主要笔画与轴线基本吻合，整个字是稳定的；如果把"水"作偏旁，那么"三点水"的三个笔画也都是朝向中心点的。

"米字格"中的"来"字。很明显，"来"字的主要笔画与"米"字形轴线大体吻合，字显得相当稳定

此外，为了达到视觉上的平衡，汉字还要求"米字格"中的"十"字轴线两边或上下的笔画大体对称，如左右对称的"水""木""林""扮"，上下对称的"显""安""胃""吕"等字，这样的字看起来很稳定。当然，这种对称不会是左右或上下笔画面积的完全等同，而只是视觉上的一种平衡的感觉。

在"米字格"中看汉字结构的均衡。"扮"字左小右大，但在方块形中看上去左右还是平衡的，这就是"视觉均衡"。视觉均衡是眼睛的一种感觉，视觉均衡的字感觉稳定而美观

在方形中，人的眼睛总是觉得下边或右边大一些、重一些更稳定，所以结构稳定的汉字多是上小下大、左小右大的字。

表意性的决定作用

汉字起源于图画。汉字是表意文字，通过可视的字形显示语义是汉字的本质特征。象形字、指事字、会意字和形声字的形旁都是用可视的形体表示语义，形声字的声旁也不过是一个借来的

北京故宫。通常所说的故宫建筑布局方正，是说它的建筑在平面布局中采用的既有中轴线、两侧建筑又相互大体对称的结构方式，从而在视觉上给人一种稳定的感觉。这显然与汉字的方块形结构有很相似的地方

表义形体。可见，汉字是把要表达的语义变成能看见、能看懂的形体，如"休""花""晶""国""餐"等字，都表现了笔画、部件的空间组合，如果没有一个能在上下左右活动的空间（二维空间），就不会构成造型丰富的汉字。表音文字就不是这样了，拼音字母只表音不表义，形体很简单，没有什么大的空间问题，如a、b、c、d等；另外，由字母组成的词语是线形排列，这就更不需要块状空间了，如英语dragon（龙），6个字母一线排开，而汉字"龙"最早展示的就是一条龙的图画，后来是笔画的组合，这都需要有一个块状空

方形的龙（龍）字。从古至今，图画似的"龙"字都需要一个方块形空间，这明显不同于线形结构的英文dragon（龙）

间。所以，汉字的表意性决定了汉字必须是有一定面积的块状，而且是能达到视觉平衡的方块形状。

方块形汉字非常适合中国方音众多、同音词也多的语言实际。汉字见形知义，图画似的形体给人们带来的主要是视觉上的形象，不是听觉上的声音，这就不怕方音的不同了。中国各地各民族的人们虽然语音不同，但都能看懂汉字的意义，就是因为大家看的是用形体表意的方块字。如果采用线形排列的拼音文字，在中国就行不通，例如普通话"又有油，又有肉"，按山东人说的方音写出来就是："you you you，you you you"了，这谁能看得懂呢？如果用6个方块形表意汉字来表达，全国各地的人就都能看懂了。

音节的独立性

汉字是记录汉语的基本结构单位，又是一个音义结合体。一般来说，一个汉字记录一个音节，一个音节又往往代表一个语素，音节和汉字是一一对应的。例如"书"这个字记录了"shū"这个音节，而这个音节代表了"书"这个语素，可见汉字是非常适合汉语实际的。例如"我们学习汉语"这句话，一共有6个音节，用6个汉字表示，一个汉字只记录一个音节，一个音节就是一个汉字。汉语的音节是独立的，不会与其他音节发生拼合，汉字也是独立的，也不会与其他汉字发生拼合或形态变化，因此，汉语音节的独立性，决定了与音节对应的汉字一定是独立成块的形体。

透视汉字

　　汉字是以象形字为基础，形、音、义结合于一体的方块形的表意文字。由于汉字的笔画化和简化，现代汉字已经不象形了，但是现代汉字留存着一些古象形字的痕迹，也就是能显示某种意义的笔画符号。利用汉字形体的象形因素，对识认和使用汉字具有一定的意义。

马（馬）字象形因素欣赏。"马"字的繁体"馬"，明显是由古文字演变而来，古文字是很像图画的。繁体"馬"字上边的三横是马脖子上的长毛；下边的四个点是马腿；中间的横竖折笔画是马头、马身和尾巴，马头上似乎还有眼睛呢

独体字中的象形因素

　　汉字中独体字不太多，基本上是象形字，它们最初都是很象形的，例如，"日"字的古文字形是圆圆的太阳、"山"字描画了三个山头、"水"字像流动的河流、"人"字是手臂前伸的侧立人形、"手"字是有五个手指的人手的样子。虽然在现代汉字中这些生动的图画已经看不到了，但图画的基本形状还是能看到一些的，只是"日"字由圆太阳变成方太阳，"山"字的三个山头变成三个竖形笔画了。

下面的图表，体现了现代汉字形体中的象形因素。

独体字	古文字形	字源图画	象形因素解析
日	⊙	☀	现代汉字"日"的外形"囗"，是古文字"日"圆形线条的笔画化，里边的横是圆中的点
山	山	⛰	三个竖形笔画是古文字"山"的三个山头
木	木	🌳	竖是古文字"木"的树干，横是树枝，撇和捺是树根
禾	禾	🌾	"木"表示植物，上边的撇是植物的穗
女	女	女	第一笔和第二笔是交叉的手臂，横是身躯
母	母	母	字的框架是古文字"女"的变形，中间的一横是身躯，里边的两点表示乳房
子	子	子	上部的横折笔画是古文字"子"的大头，竖勾是身躯和腿，横是手臂
手	手	✋	撇和两横是五个手指
鱼（魚）	魚	🐟	（繁体字）上部是鱼头，"田"是鱼身，下边的四个点是鱼尾
马（馬）	馬	🐎	（繁体字）上边的三横是马脖子上的长毛，下边的四个点是马腿，中间的横竖折笔画是马头、马身和马尾

独体字	古文字形	字源图画	象形因素解析
鼠			"白"是突出鼠牙的口，下部右边笔画是鼠足，最后一长笔表示鼠身和鼠尾
象			笔画"⺈"是象的长鼻，"四"是象的头，下部中间一笔是象身，其左是腿，最后的笔画捺是尾
龙（龍）			（繁体字）左边是龙头，"立"是龙角，"月"是张开的有牙的龙口，右边弯曲的笔画是龙身龙尾
车（車）			（繁体字）竖是车轴，中间的"田"是车轮，上下两横是锁车轮的销子
衣			横、撇、捺是构成两只衣袖的笔画，竖钩、短撇是衣服的下摆

汉字中有一些形体十分相近的独体字，例如，"木"和"禾"，区别只是"木"上的一个横撇笔画，而这个笔画正是区别这两个汉字的象形因素，因为"禾"是有穗的谷物，这个横撇正是植物的穗。

明确的字义和较强的表意功能，使多数独体字成为合体字的"字根"，例如"日"的字义是太阳和时间，以"日"为字根的合体字，如"明""时""晚""昨""旱"等，就体现了这种字义。有字根作用的独体字笔画比较少，构字能力强，都有固定的意义和语音，特别是字形中含有的象形因素比较明显，现代汉字的90%以上是由这类字根构成的。为了正确地识认和使用汉字，应该熟悉这类有字根作用的独体字，掌握了字根字，可以很快地认识一大批汉字。因而，掌握独体字对学习和识认汉字非常重要。

业部		宵	1545	眈	925	矇	869		1193		765	(罴)	967
		眩	1427	睢	1208	(矇)	868	五至六画		(矕)	292	羅	834
业	1468	眠	876	睥	968	瞿	686	(罜)	69			蜀	687
邺	1470	眙	171	睬	117		1045	畠	1249	四部			
蔷	1571		1484	脺	1210	(脸)	617	呱	1290	四	1196	皿部	
黹	1620	眶	736	(睧)	688	瞻	1581	畛	1600	三至四画		皿	885
(業)	1468	眭	1208	(睐)	1101	瞳	822	留	809	罗	834	三至五画	
叢	389	眦	1672	睩	825	瞳	817	(畝)	901	罘	387	盂	1534
(叢)	212	(督)	1672	九至十画		(瞩)	706	畜	190	罚	341	盅	870
黼	392	脈	898	睽	1081	矋	1644		1422	罝	413	(盃)	51
目部		眺	1253	睺	180			畔	950	罨	20	盌	512
		眵	167	睫	1202	田部		畚	61	(罢)	21	盆	959
目	903	睁	1603	睒	525	田	1248	畦	996	罟	452	盎	1510
二至四画		睆	176	(睑)	871	甲	607	畴	1624	罡	680	盏	1582
盯	293	眷	688	睹	872	申	1118	眾	448	罛	814	盐	1447
盱	1419	眯	871	睦	819	由	1521	(異)	1492	罱	460	盍	512
盲	853		872	睽	738	电	282	略	831	(買)	846	盆	95
相	1371	眼	1449	督	859	二至三画		(畧)	831	胃	688	监	614
	1377	眸	900	瞌	712	町	293	累	764	罃	389		622
眍	723	眣	1101	瞒	849		1259		765	罯	781	盉	12
眄	877	眛	749	瞢	869	畎	710		766	署	1173	盎	512
	880	睄	1113	瞋	152	畐	743	七画以上					

《汉语词典》部首目录中有字根作用的独体字

合体字中的象形因素

合体字是由几个部件构成的字，如"明""妈""河""把""花"等，合体字显然是会意字和形声字。合体字的象形因素体现在表意偏旁——形旁上，如会意字"明"中的"日"和"月"、形声字"妈"中的"女"。作形旁的这些字是"字根"字。据统计2500个常用汉字中的2270个合体字，其中70%的形旁仍有辨别字义的作用。

形旁的类属意义 掌握形旁，重要的是掌握形旁的类属意义，也就是具有共同性质、特点的一类事物的基本意义，例如形旁"氵"，代表的是能流动的"水"和"液体"这类事物，这"水"和"液体"就是"氵"的类属意义，如果知道，就会比较容易地学会很多跟"水"和"液

形旁"疒"描画了病人躺在床
上的情形

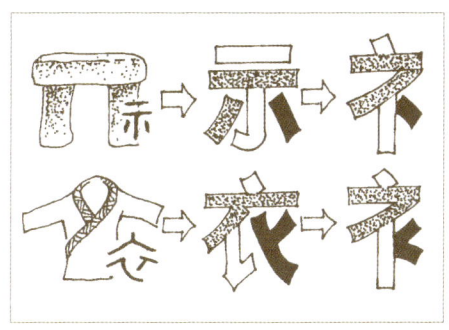

形旁"衤"和"礻"的类属意义
溯源。形旁"礻"源于远古祭祀
的祭桌形,"衤"源于古代的上
衣形

体"有关的合体字,像"河""波""澡""泡"
"流""油"等字。再例如形旁"疒",古文字描画了一个人躺
在床上,身上出了很多汗,意思是人生病了,跟疾病有关系的汉
字几乎都用"疒"作形旁,如合体字"病""疾""疗""疼"
"痛"等字。"疒"的类属意义就是"疾病"。再例如形
旁"衤"和"礻",人们在写汉字时常常写错,如把"神"写成
"神",把"裙"写成"裙",原因是不知道"衤"表示衣服
和"礻"表示祭祀的类属意义,其实这两个形旁的象形因素是很
不同的。

下面是汉字中经常出现的形旁(独体字及其变体)。记住这
些形旁的形状和类属意义,对识认合体字很有帮助。

常用形旁类属意义					
形旁	古文字形	类属意义	形旁	古文字形	类属意义
氵		水、液体	刂		刀、用刀
口		用口、语气	马(马)		马、与马有关的
扌		手、用手	足(足)		脚、用脚
木(木)		木本植物、木制品	广		房屋
艹		草本植物	疒		疾病
亻		人	页		头部
土(土)		土地、建筑	米(米)		米粮
钅		金属、金属制品	酉		酒、酿制品
纟		丝、丝织品	犭(犬)		兽类
月		月亮、身体	衤		衣服
女(女)		妇女	饣		食物
辶		行走	礻		神灵、祭祀
忄		心理、情感	穴(穴)		洞穴
日		太阳、时间	彳		行走、道路
火(火)		火、温度高	灬		火、尾巴
石		石头	鱼(鱼)		鱼类
心		心理、情感	皿		容器
竹(竹)		竹、竹制品	雨(雨)		降水
讠		说话、语言	羽		鸟羽
贝		钱财	衣		衣服
宀		房屋	彳		行走
虫		虫类	鸟		鸟类
禾(禾)		禾苗	冫		冰、寒冷
王(王)		玉石、珍贵	囗		有四周的
山(山)		山岭	阝(左)		(左)土山
目		眼睛	阝(右)		(右)城市

形旁的变体 为了方块形体的均衡和美观，一些形旁由于位置不同形状发生改变，例如，"水"字作形旁，放在字的下边写成"水"，放在字的左边写成"氵"；"心"字作形旁，放在字的左边写成"忄"，放在字的下边有时要写成"⺗"。值得注意的是，很多汉字在作左偏旁时形

体会发生微小的变化，如"山"写成"屳"、"马"写成"马"、"女"写成"女"（见上表）。在形旁变体中，形旁"手"的变体最多，也最常用，如"又""寸""攵"等，如果知道它们是手，对识认汉字是会有帮助的。

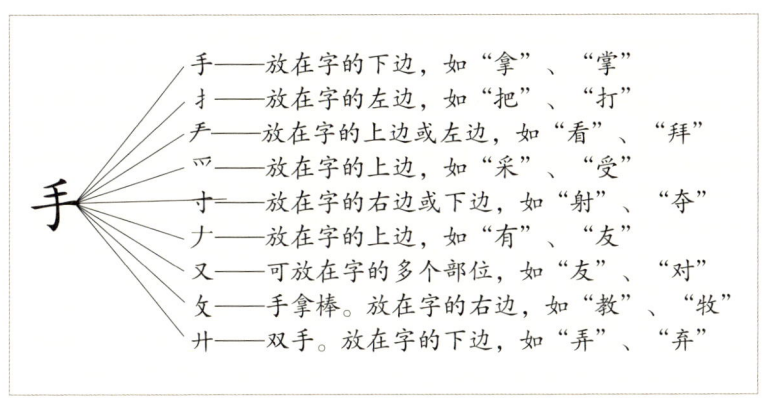

手——放在字的下边，如"拿"、"掌"
扌——放在字的左边，如"把"、"打"
龵——放在字的上边或左边，如"看"、"拜"
爫——放在字的上边，如"采"、"受"
寸——放在字的右边或下边，如"射"、"夺"
𠂇——放在字的上边，如"有"、"友"
又——可放在字的多个部位，如"友"、"对"
攵——手拿棒。放在字的右边，如"教"、"牧"
廾——双手。放在字的下边，如"弄"、"弃"

楷书	甲骨文	楷书	甲骨文	楷书	甲骨文	楷书	甲骨文
立		天		美		化	
步		保		走		网	
初		高		京		宫	

古今汉字对照

字形表意

汉字中的同音字很多，只听声音是分不清它们的，而看字形问题就都解决了。例如，治病——致病、期中考试——期终考试，这些同音词语的意义只有看汉字才能分清。

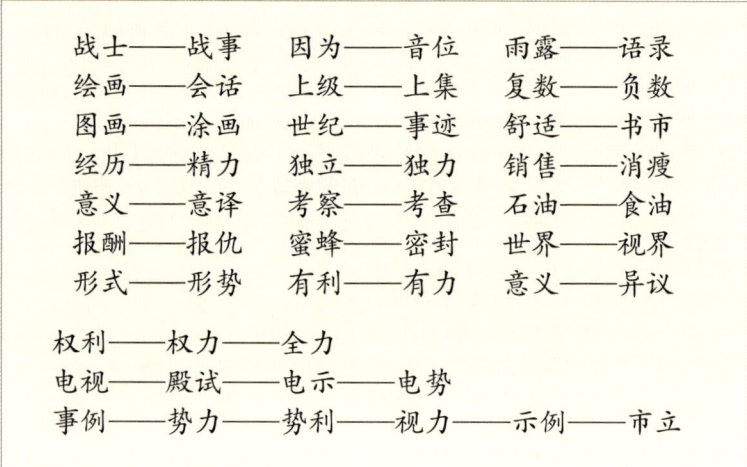

战士——战事　因为——音位　雨露——语录
绘画——会话　上级——上集　复数——负数
图画——涂画　世纪——事迹　舒适——书市
经历——精力　独立——独力　销售——消瘦
意义——意译　考察——考查　石油——食油
报酬——报仇　蜜蜂——密封　世界——视界
形式——形势　有利——有力　意义——异议

权利——权力——全力
电视——殿试——电示——电势
事例——势力——势利——视力——示例——市立

同音词示例。看字形才能辨别这些同音词

辨——辨别	形旁是"刂"（刀），用刀切开辨别最清楚
辩——辩论	形旁是"讠"（言），辩论要用语言
辦（办）——办事、办公	办事、办公。形旁是"力"，做事要用力
辫——辫子	形旁是"纟"（丝），扎辫子要用丝织物

形近字示例。辨别这些形近字更要仔细看字形

中国语言大师赵元任先生写的91字的奇妙古汉语短文《施氏食狮史》，讲的是一位姓施的诗人吃狮子的故事。文章中所有的字都读"shi"音，只听声音会是一片"shi shi shi"，内容不明，而汉字丰富的字形却使我们看到了一个虚构的非常有趣的故事。这是一篇"只能看，不能听"的文章。

施氏食狮史 （赵元任）

石室诗士施氏，嗜狮，誓食十狮。氏时时适市视狮。十时，适十狮适市。是时，适施氏适市。氏视是十狮，恃矢势，使十狮逝世。氏拾是十狮尸，适石室。石室湿，使侍拭石室。石室拭，氏始试食是十狮尸。食时，始识是十狮尸，实十石狮尸。试释是事。

【译文】住在石屋中的一位姓施的诗人，喜欢吃狮子肉，发誓要吃掉10只狮子。施氏常常到集市上寻找狮子。一天10点钟，正好有10只狮子来到集市。这时候，恰好施氏也到了这个集市。施氏看见了这10只狮子，倚仗弓箭的威力，射死了这10只狮子。施氏把这10只狮子的尸体拖到了石屋。石屋很潮湿，于是让仆人擦石屋。石屋擦干了，施氏开始尝试吃这10只狮子。吃的时候，才发现这10只狮子的尸体，其实是10只石头狮子的尸体。请试着解释这件事。

《施氏食狮史》。施氏在集市上看见了狮子

视觉符号

汉字也是一种美妙的视觉符号，以致我们在使用词语、阅读文学作品或书法艺术欣赏中产生联想，甚至进入某种意境之中去。

优秀的文学作品总会展现出某种意境，让人得到艺术享受。有时，作为文学作品载体的汉字，会以自己的视觉形象，增强或深化文学意境。

成语意境。"同舟共济"和"风雨同舟"中汉字的视觉形象可能会使人产生这样的想象

　　"同舟共济"是一个常用成语，"舟"是小船的象形，字形上还能看出一些古象形字的痕迹。"同舟"就是"一起坐船"。"济"有"三点水"，字义是"渡河"。"同舟共济"就是人们一起坐在一只船上过河。这个成语比喻人们同心合力，共渡难关。汉语里还有一个汉字的象形性很强、意思与"同舟共济"相近的成语——"风雨同舟"。

唐诗意境。"明月松间照，清泉石上流"是唐代大诗人王维《山居秋暝》中的诗句

　　唐诗"明月松间照，清泉石上流"：表现了明亮的月光洒落在松树林中，清澈的泉水在石头上流动着的一种幽静清新的意境。这10个汉字，以象形、指事、会意、形声的结构和图画似的形体，展示了鲜明的视觉形象，共同构成了一幅动人的自然美画卷。

元曲《天净沙·秋 思》 意境

　　"枯藤老树昏鸦，小桥流水人家，古道西风瘦马。夕阳西下，断肠人在天涯。"这是元代元曲作家马致远的著名作品《天净沙·秋思》的词句。开头三句用象形汉字展示了9种事物，共同组成一幅悲凉的画面，夕阳西下，更增添了行旅之人忧愁的心绪。象形汉字对作品意境的形成具有一定的辅助作用。

　　方块形汉字充满了奥秘，其中，隐藏在方块形中的象形因素是汉字的一个大奥秘。象形因素对识认和使用汉字具有一定的意义。当然，对于现代汉字来说，过分强调汉字形体的象形因素，也是不符合汉字实际的，因为现代汉字的形体毕竟已经不象形了。但是汉字形体的象形因素，确实对我们识认和使用汉字有些帮助，我们应该利用它。

汉字述说的中国故事

　　历史就在人们的生活之中，它并不仅仅是朝代的排列、大事的记录、死板的结论，它是由生活中的一个个故事组成的，是十分鲜活的东西。

　　汉字的独特之处就表现在，很多方块汉字都好像是一幅历史文化图，里面有形象，有故事，更有古代先民造字时的思考和认识。

　　通过汉字了解中国历史文化，是一件有趣的事情，古老的汉字可以帮助我们回望中国古代社会，发现许许多多中国历史文化的奥秘。

远古社会生活

　　一块化石让我们知道了古老世界的某种秘密，一个方块汉字也总是能透露一些远古世界的秘密。汉字最初的造字是远古先民对世界的思考和认识，是当时社会生活的真实反应。因而，很多古汉字形体都可以看作一幅历史文化图，它显示着一种历史的真实，这似乎比某些人的历史研究还要可靠些。作为"活化石"，汉字告诉了我们很多很多……

对世界的独特认识

　　大约距今10000年到4000年前后的一段时间，是新石器时代，也是历史学家称作的"远古时期"。在这段时间里，一方面，人类的智力高速发展，取得了令人吃惊的文明成果；另一方面，人类在强大的大自然面前又付出了极大的代价，只能用弱小的力量与强大的大自然进行抗争，靠想象和神奇的形象，对神秘的大自然作出自己的解释。古老的汉字留下了中国古代先民对世界的最初认识和独特的自然观。

　　有了人才会有文化历史，从元谋人算起，中国的历史有170万年，文明史至少也有近一万年了。创造汉字的先民们还会记得那遥远的岁月吗？哪些事情能留在他们的记忆中呢？汉字"昔"，回答了这个问题。

原始人打制的石器（旧石器时代）

大禹治水图
（东汉画像石拓片）

xī

昔

楷体

甲骨文

金文

小篆

【昔】甲骨文"昔"是一个会意字，由"水"和"日"构成，表示时间（日）像河水（水）一样流走了，有从前、往日的意思，如"昔日"、"往昔"等词。不过，如果我们深入地研究一下"昔"字所表示的"从前"的本义，再想一想那遥远的造字年代，恐怕事情就不会那么简单了。可以想像，在先民们的记忆中，印象最深的大概就是从前的大洪水。如果问什么是"从前"呢？他们会说"从前"就是很久很久以前闹洪水的那个时候。因此，我们完全可以把"昔"字看作一个象形字，它形象地告诉我们：远古有过特大洪水时期。

挪亚方舟《圣经》故事。在大洪水到来之前，上帝让挪亚造了一只柏木方舟，带上全家人和各类动物、植物种子逃生。后来，上帝下雨40昼夜，地上的生命被洪水吞没，方舟落在拉腊山的山顶上，挪亚生存下来

【人】由猿到人，人类一步步走向文明，那么，中国古代先民又是怎样认识"人类"自己的呢？请看"人"字的创造。

"人"是一个象形字，甲骨文、金文描画的是一个侧身伸臂站立的人形，笔画虽然简单，却显示出古代先民对事物观察的能力和对人类本身的认识。古"人"字去掉了人体的一切细节，主要描画了直立的腿和前伸的手臂，而这是最能显示人类与其他动物不同的地方——能直立行走和能用手制造和使用工具。此外，"人"字描画的是个站立在地上的形体，而当时甲骨文中描画动物的字，除了"鹿""牛""羊"等少数几个字以外，其他都是尾朝下、脚足伸向左侧的形体，如"虎""马""龙""犬""象""鼠""龟"

rén

楷体

甲骨文

金文

小篆

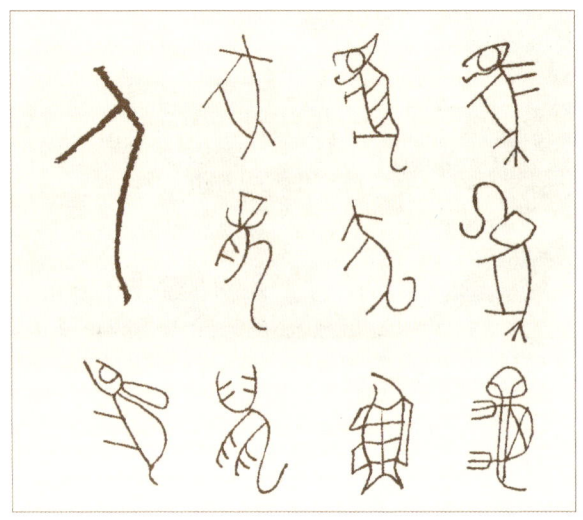

甲骨文中的"人"字与动物字的比较。人站立在地上，动物都没有站立在地上。图中的字从上到下依次为：人、豕（猪）、虎、马、龙、犬、象、兔、鼠、鱼、龟

50万年前后的"北京人"。他们早已站立起来，能用双手制造和使用工具，并会用火烧烤食物

tiān

楷体

天

甲骨文

金文

天

小篆

等字，它们都没有站立在地上。显然，古代人在字形上把人和动物又做了进一步的区分，突出了人在自然界中特殊的重要地位，也就是中国人常说的"人是万物之灵"。天在上，地在下，人在中间，古代称天、地、人为"三才"，这不但体现了"人是万物之灵"的观念，而且还说明古代人把人融进了大自然，成为大自然的一部分，这正是古代"天人合一"哲学思想的形象反映。

"人"字是形体最简单的汉字，一撇一捺，只有两画。现代中国有一首歌儿，歌中唱道"人字的结构是互相支撑"，这不但形象地描绘了"人"字一撇一捺互相依靠的结构，而且深刻地表明了中国人对人与人之间应有的关系的高度认识——帮助、支持、团结、和谐。

【天】天高悬在人的头顶之上，它是如此的高远、强大和神秘！人们总是敬畏地仰望着它……于是，以"人"为坐标的"天"字造出来了。

甲骨文中的"天"字，像一个正面站立的人形，特别突出了人的头部，所以"天"的本义为"头顶"，也表示头顶上的天空。天空苍苍茫茫，古人就称这种自然的天为"苍天"。"天"又泛指自然界，很多自然的事物都

北京天坛（明清时期）

用了"天"字，如"天文""天气""天然"，
以及"春天""秋天""今天""明天"等。天
高高在上，日月星辰在其中运行，风雨雷电在其
中发生，古人弄不懂这些自然现象是怎么回事，
就认为天是神奇的，是无所不能、至高无上的
神，因而把天称为"天神""天帝""上天"。
中国古代有"天圆地方"的说法，认为天是圆
的，地是方的。北京天坛，是明代和清代的皇帝
祭天的地方，其建筑都是圆的，屋顶是蓝的，就
是用来象征天的。统治人间的君王为了提高自己
的威望，也把"天"用在自己身上，自称为"天
子"，即天的儿子。

如此神圣的天也发生过麻烦的事，中国古代
流传着一个《女娲补天》的神话故事，说是远古
时期天上破了一个大洞，于是天下大乱，洪水、
火灾、猛兽使人们无法生活。后来，人首蛇身的

女娲补天图

大神女娲烧炼了五色石，勇敢地把天补好了，这样，天下重新得到了安宁。这个故事反映了远古时期人们对天的恐惧，也表现了人们改造自然、战胜自然的强烈愿望。值得深思的是，今天，全球气候变得越来越暖，造成这种气候异常的一个主要原因，科学家说是南极上空的大气臭氧层破了一个大洞，这一科学事实与古代中国人对自然界的认识真是太相似了。

【地】 与"天"相比，"地"和人类的关系可就密切多了。人的双脚不能离开土地，人们吃的用的都在地上，"地"就像母亲一样养

【自强不息和厚德载物】
古人对天和地非常崇敬，古书《周易》高度赞美了天和地："天行健，君子以自强不息；地势坤，君子以厚德载物"，意思是"天"和"地"这两个自然物具有了不起的美德，"天"不停地运转，强健而不停息；"地"厚实和顺，承载着万物。作为一个优秀的人（君子），应该具有天地的这种美德。

dì

地

楷体

地

小篆

东岳泰山。古代有"五岳"的说法，即东岳泰山、西岳华山、北岳恒山、南岳衡山、中岳嵩山。"岳"是高大的山的意思。从秦始皇开始，很多皇帝都登上泰山祭祀天地，这种活动叫"封禅"

育着万物，于是，有了表示这种意思的"地"字。

"地"是个会意字，左旁是"土"，右旁是"也"。从字源上看，"也"是女性的特征（许慎《说文解字》："也，女阴也"），与"土"组合成"地"字，表示"地"像母亲一样，是可以生育万物的土，人们常说的"大地母亲"，表明的就是这个意思。

"地"与"天"相对，上有天，下有地，而且古人说它们是同时形成的。中国古代流传着《盘古开天辟地》的神话：很久很久以

盘古开天辟地图

前，我们生活的这个宇宙是一团混沌。一天，一个叫盘古的人举起大斧向它劈去，"轰隆"一声，混沌的一团破裂了，轻而清的东西上升变成了天，重而浊的东西下降变成了地。天每天在升高，地每天在加厚，站在天与地之间的盘古每天也随着长高。盘古怕天地重新合上，就双手托天、双脚踏地，在天地之间支撑了18000年。这时候的天已经很高了，地已经很厚了，盘古用完了自己所有的力气，倒在地上死去了，天和地就这样形成了。

中国人对天地是十分崇拜的。古代的皇帝就有到泰山祭天和拜地的活动，北京的天坛和地坛是明清皇帝祭天和拜地的地方；人们结婚也要拜天地，在中国，"拜天地"已成为结婚的代名词了；用"天"和"地"一起组成的成语是非常多的，例如"天长地久""天南地北""天高地厚""天时地利""天

经地义""天罗地网""天翻地覆""天崩地裂""天圆地方"等，都是经常使用的成语。

【神】 原始社会时期，大自然时时刻刻都在威胁着人们的生存，使得人们把一些自然物幻想成超自然力量。创造表示这类自然物的汉字时，人们总是带着恐惧心理，想办法把这种超自然力量表现出来，如"神"字、"鬼"字等，其中，最典型的是"神"字的创造。

在远古先民心目中，神是管天管地、无所不能的超自然灵物，甲骨文的字形就是一条连通天地的"S"形曲线，上边好像有伸向天地的大手，看上去既神秘又可怕，这个字是"申（𝓈）"，"申"就是"神"的本字。再仔细看，这"S"形曲线很像下雨时天上的闪电，闪电也是既神秘又可怕的东西，所以，"神"字很可能源于天上的闪电，很多文字学家说过，"申"是"电"的本字。

在神话传说和宗教中，神是天地万物的创造者和主宰者，有无限的神力，为人们所敬畏。古代中国是个多神的国家，像天神、地神、谷神、盘古、女娲、太阳神、玉皇大帝、王母娘娘、灶王爷、四方神等等，都是古代重要的神。一些人相信人死后有灵魂，这种看不见的灵魂也是神。

shén

神

楷体

𝓈

甲骨文

金文

小篆

"神"字的创造：一双神秘的大手伸向天和地

99

虔诚的图腾崇拜

图腾崇拜是远古时期非常普遍的现象，如世界上很多民族都有对日、月、山、河等自然物和动物的崇拜。中国早期造字时直接采用过氏族的图腾标志，这些汉字留下了可信的远古图腾崇拜的资料。

【龙】 "龙"是中国最大的图腾，可以说是"中国第一图腾"。

甲骨文、金文中的"龙"字有很多，一般是身体细长，头上有角，张着大口的形象，看上去都很像龙。小篆之后，字形就看不出龙的样子了。楷书的繁体"龍"字已经完全符号化，如果分析一下字形，还是能看出龙的影子：字的左边是龙头，"立"是龙角，"月"是龙口；右边是弯曲的龙身。中国龙的样子非常怪异，自然界里没有，它完全是人们想像出来的。考古专家认为，中国龙是以蛇为主体的图腾综合物，它有蛇的身、猪的头、鹿的角、牛的耳、羊的须、鱼的鳞、鹰的爪。我们虽然在古文字上看不到如此丰富的内容，但是，大头长身的基本形体还是很清楚的。

中国龙的形象告诉了我们这样一个历史史实：远古时期，以蛇为图腾的黄河流域的华夏氏族，在黄帝的带领下，战胜并联合了其他氏族，

红山文化时期（中国古代农业文明的代表，因最早发现于内蒙古赤峰市郊的红山而得名。）的猪头大玉龙。红山文化的标志

lóng

龙

楷体

甲骨文

金文

龍

小篆

组成了巨大的部落联盟。华夏氏族以自己的蛇图腾为主体，同时吸收了其他氏族的图腾——猪、鹿、牛、羊、鱼、鹰等，组合了一个华夏族大图腾——龙图腾。华夏族氏族联盟后来发展为中华民族。考古工作者在河南省的古墓中出土了一条用贝壳摆成的龙，这是中国最早的龙，已经有6000年的历史，被称为"中华第一龙"；在5000年前的红山文化遗址发现了很多漂亮的玉龙，这些都说明了龙崇拜在远古时期是很盛行的。

与嘴里喷火的西方龙不同，中国龙嘴里是喷水的，它能在天上兴风降雨。中国是个农业国，人们最希望的就是风调雨顺、农业丰收，所以古时候中国到处都有龙王庙，这是天旱时人们拜龙求雨的地方，所以说，龙是中国农业文明的产物。龙是中国古代最重要的图腾，从汉代起，它被皇帝占有了2000年，皇帝们都说自己是"真龙天子"。如果去北京故宫游览，就会发现，这个皇帝居住的地方到处是龙的雕刻和龙的图画，例如仅太和殿（故宫最大的宫殿）这一个宫殿，就有12654条龙，故宫简直就是一个"龙的世界"。

北京故宫的九龙壁（明清）。这九条龙是皇家的龙，都是"五爪龙"，普通人是不能用的

【凤】和"龙"一样，"凤"也是一个古老的图腾。按照阴阳学说，龙属于阳，凤属于阴，所以中国人总是把龙凤连在一起，如"龙飞凤舞"、"龙凤呈祥"等。凤也是中国人十分喜爱的吉祥象征动物，最初的"凤"字描画得也是很漂亮的。

定陵出土的凤冠 （明）

凤是传说中美丽而吉祥的神鸟。凤全身长着彩色羽毛，头上有漂亮的凤冠，身后拖着长长的尾羽，样子很像那漂亮的孔雀。甲骨文中的"凤"字描画的就是这样的一只鸟，头上的冠、长长的尾羽描画得非常生动。显然，这个"凤（🦜）"字是象形字。甲骨文中还有一个"凤（🦜）"字，在凤形的旁边加了一个表示读音的"凡"，所以"凤"字又是一个从鸟凡声的形声字。凤，也就是人们常说的凤凰，不过，认真的专家们会告诉我们，雄的叫"凤"，雌的叫"凰"。传说凤是百鸟之王，每当它在天上飞翔时，就会有万鸟跟从。人们又说，凤鸟一出现，天下就太平安宁了。凤是能给人带来吉祥的鸟，这样的鸟当然会受到人们的崇拜，也自然会成为一种图腾。跟龙一样，凤也是人们想像出来的动物，它是鸟图腾的丰富和发展。2004年，在湖南省发现了中国最古老的凤凰图案，在出土的一个白色陶罐上，刻印着两只姿态活泼的凤凰，样子很像孔雀，专家们说它们有7400年历史了，

fèng

凤

楷体

甲骨文

金文

小篆

传统中国婚礼上，新娘头戴凤冠，穿着绣有凤凰图案的衣裳

可见，凤凰崇拜在中国十分久远。据考证，远古时期的凤凰崇拜就是对鸟的崇拜，那时候，东方的东夷族就以鸟为图腾。著名的商王朝也是以鸟为图腾的，《诗经》中"天命玄鸟，降而生商"的诗句，告诉了我们这种情况。这玄鸟就是凤凰，凤凰是商朝祖先的图腾，因为有了凤凰，才有了商王朝。

永远的祖先崇拜

中国人的祖先崇拜产生于父系氏族公社时期。古人相信，祖先给了他们生命，祖先的灵魂也会保护他们的后代，于是对祖先进行崇拜和祭祀。祖先是氏族或人类延续的根本，这种认识使祖先崇拜在中国兴旺了几千年，一直延续到了今天，并且远远超过了对其它神灵的崇拜。

【祖】弄明白"祖"的造字含义，就会从根本上懂得祖先崇拜的实质——祖先是氏族或人类延续的根本。

"祖"，甲骨文写作"且"，金文加上了"礻"字旁。"祖"是祖先的意思，即一个氏族或一个家族的前辈，特别指年代久远的前辈，例如"黄帝和炎帝是中华民族的祖先"。《说文解字》："祖，始庙也"，就是说，"祖"是祭祀始祖的宗庙，这种解释显然指的就是祖先。"祖"字中的"礻"表示崇拜、祭祀，

103

祭祀黄帝陵。黄帝是中华民族的祖先。陕西的黄帝陵是中国人景仰的地方，每年清明节这里都举行隆重的祭祀活动

那么"且"表示什么呢？有人说是祭祀祖先神灵的牌位，是祖先的象征物；有人说是"土"的另一种象形字，土能生万物，祖先的子孙也是千千万万；还有人说是男性的生殖器，是生育后代的根本，远古时期普遍有对"祖"的生殖崇拜，遗留下来的陶祖、石祖、木祖很多。比较这三种说法，大概后一种说法更接近"祖先是氏族或人类延续的根本"这一祖先崇拜的实质，也更接近祖先崇拜产生于父系氏族公社时期的这一时间。与"宗"字一样，"祖"的造字，不但表达了中国古代先民对祖先的尊敬、崇拜和祈求，而且也是自然崇拜和生殖崇拜的表现。

　　中国人是非常尊敬和崇拜自己的祖先的，人们的姓氏要随父姓，把父亲的父亲叫"祖父"，把母亲的父亲叫"外祖父"，这都是远古父系氏族社会留下的习俗。一些中国人一生追求做出大事，出人头地，目的就是为了给祖宗增光，这叫"光宗耀祖"。

zǔ

祖
楷体

且
甲骨文

祖
金文

祖
小篆

古代文明景观的展现

照片图像是事物的真实记录，一些汉字就像图片一样记录了古代文明的演进过程，形象真实，生动有趣。通过文字本身了解历史文化，汉字做到了，这在世界上可以称得上是一个文字奇观！汉字以形表意，用图画一样的字形，展示了中国古文明发生和发展的种种景观。

古代物质文明的演进

远古时期，中国社会曾经历了由渔猎向畜牧、由采集向农业的发展阶段，一些古老的汉字像照片图像一样，留下了各个发展阶段的形象记录。

捕鱼和猎取野生动物是人类早期重要的生产活动，原始社会末期中国的岩画和欧洲的洞穴壁画已经告诉了我们这种情况，汉字告诉我们的更多。

半坡遗址（位于陕西西安市郊半坡村）出土的仰韶文化时期的人面鱼纹彩陶盆。彩陶上的人面鱼纹图案是半坡氏族的图腾，现在已成为半坡文化的标志

【**渔**】"鱼"是个名词，古文字是一个有头、有身、有尾的象形字，完全是一条鱼的样子，而且更多的是表示已经捕获的鱼；"渔"是个动词，指捕获鱼的活动。西安半坡遗址是6000年前人类居住的地方，在出土的很多彩陶上都画着漂亮的鱼，还发现了很多鱼网、

鱼钩等捕鱼工具，说明捕鱼是当时重要的生产活动。在出土甲骨文的河南安阳小屯村，出土了很多鱼骨，有鲤鱼、草鱼、青鱼等多种种类，这些都是当时人们常吃的鱼；甲骨文更为我们留下了一些与捕鱼有关的字，如"（渔）"、"（网）"等字，说明3000年前的商代，渔业生产又有了进一步的发展。这类字中最有意思的是"渔"字，"渔"的

商代钓鱼图。甲骨文"渔"字，展示了3000年前的多种捕鱼方式

本义是捕鱼，现在是个从"水""鱼"声的形声字，而在甲骨文中却是一个形体很多的会意字。图中的这四个甲骨文"渔"字，至少表现了当时的三种捕鱼方式：一个在用手捉鱼，一个在钓鱼，还有一个在用网捕鱼。第四个形体，就是我们现在用的"渔"字。观赏甲骨文的"渔"字，不仅使我们了解了人类早期捕鱼活动的方式，更重要的是使我们获得了一个信息：在商代和商代之前的很长一段时间内，捕鱼是人们获取食物的重要来源，而且渔业生产在当时已经比较发达了。

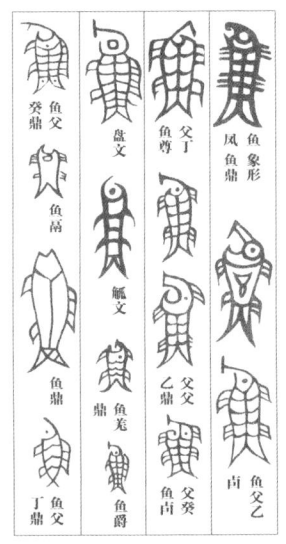

金文中的"鱼"字。象形字，完全是鱼的样子。仔细看，很多鱼的嘴被绳子拴着，大概都是捕获的鱼。从古老的"鱼"字本身也能看到渔猎时代的风貌

yú

渔

楷体

甲骨文

甲骨文

甲骨文

描绘远古先民猎取野生动物活动的字很多，而且个个都很生动，我们来欣赏一下。

zhú

逐

楷体

（甲骨文字形）

甲骨文

（金文字形）

金文

（小篆字形）

小篆

【**逐**】甲骨文中的"逐（zhú）"字，是个会意字，本义是追赶。字的上半部是一头猪（豕），下半部是一只人的脚，字形表现的是：一头野猪在奔跑，一个猎人在后边紧紧地追赶，生动极了。猎人追赶野猪，就是追杀猎取野生动物。甲骨文中有个"射"字，字形是一只手在拉弓射箭，射什么呢？当然也是射杀野生动物了。甲骨文中描绘猎取动物的字很多，如捕鱼猎兽的"网（图）"字、手拿猎叉（后画成陷阱xiànjǐng）迎面捕捉野猪的"敢（图）"字、追赶野猪使它掉进陷阱的"坠（墜 图）"字、用网捉鸟的"罗（羅 图）"字、用手捉住鸟的"获（獲 图）"字，等等。人类早期猎取的动物，在甲骨文都能见

射杀野生动物

青海远古岩画《逐射牦牛图》。这是一万年前中国人的绘画作品，是当时猎取野生牦牛的真实写照

到，例如鹿、野牛、野猪、兔、马、虎、熊、鱼、鸟等。甲骨文中描绘动物的字非常多，说明了古代人与动物的关系密切。

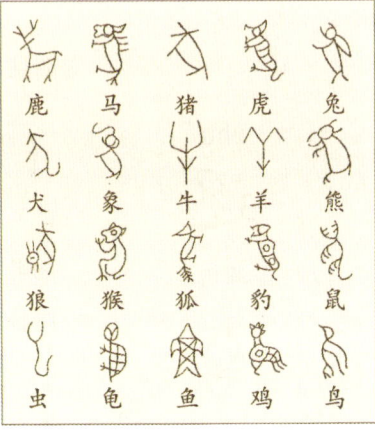

甲骨文中的动物字示例

【采】 采集是农业的先声，"采"字本身就是一幅采集活动的画面。

在农业出现之前，采集野生植物是人们获取食物重要来源，那时的采集活动是非常兴旺的。中国古代神话《神农尝百草》说："神农尝百草，日遇七十二毒"，这个故事讲的就是远古时期的采集活动；《诗经》中更是留下了很多人们采集活动的生动场面。人们采集的对象是植物，种类是很多的，《说文解字》中关于植物的汉字就有1097个。那个"尝百草"的神农品尝的肯定还要多，不然他就不会一天中72次毒了。正是有神农这样的人勇敢地尝百草，告诉人们哪种植物可以吃，哪种不能吃，才使人们能够生存下来。当时人们的采集活动，必然会在汉字中留下记录，其中最直观的就是"采"字。"采"是个会意字，甲骨文的"采"上部是一只手，下部是长着果实的树，两

cǎi

楷体　　　甲骨文　　　金文　　　小篆

采桑图 （战国铜器图案）

形会意表示"采摘"的意思。金文省去了树上的果实，楷书的写法由小篆演变而来。

【农】中国古代农业是早熟和发达的，"以农立国"也一直是中国的国策，因为中国人最明白"民以食为天"这个简单的道理，因此，中国古代文化在很大程度上是一种农业文化。现在中国人口最多的还是农民。那么"农"，这个中国人最熟悉的汉字是什么意思呢？知道的人就不多了。

中国是一个农业大国，不但农作物品种丰富，而且还有"精耕细作"的优良传统。精耕细作表现在农具使用、耕作方法、田间管理、作物栽培等各个方面，古老的汉字对此有充分的反映。在汉字中，既有像方格形土地的"田"字，又有像翻地松土的农具"耒"字和"耜"字；既有表示用刀割禾的"利"字，又有表示用牛拉犁的"犁"字；我们还会看到手握耒用力翻土

粟　黍　稻　麦　菽

的"耕"字、三人合力耕地的"协（協）"字，以及引水灌田的"留"字。而双手种植苗木的"艺（藝）"字，说明古代人已经把种植活动作为一种技艺和本领了。那么，"农"字表示的是什么意思呢？原来"农"字的本义是锄草或收割。甲骨文的"农"字，上部是草木，表示禾谷，下部是一个"辰（⺁）"字，即双手拿石镰的象形。金文在草木之间又加了一个"田"字，使字义更加明确：人在田地里手拿石镰锄草或收割禾谷，这不正是从事农业生产活动吗？隶变以后，字的上部合成一个"曲"字，写

nóng

农
楷体

甲骨文

金文

小篆

田：方格农田形　　井：方口水井形　　耒：前端分叉的翻土工具　　耜：铲形翻土工具　　力：尖头翻土工具

刀：砍伐树木的工具　　斤：斧形砍伐树木的工具　　耕：双手持耒翻土形　　疆：用弓丈量田地　　苗：田地里长着禾苗

焚：放火烧荒形　　楚：进入树林砍伐树木形　　艺：一人双手栽种苗木　　协：三力合作共同播种　　封：用手把禾苗栽入土中

秉：手拿一棵禾苗形　　舂：双手拿杵舂米形　　利：用刀收割庄稼　　奉：双手拿树苗形　　留：挖沟引水灌田

描绘农业活动的甲骨文示例

按传统方式在田间劳作的农民

作"農"（"农"的繁体）。石镰是远古时期的除草和收割工具，可见，"农"字的出现是非常早的。

千百年来，中国的农民祖祖辈辈在土地上耕作收获，"日出而作，日入而息，凿井而饮，耕田而食"，自给自足，很少离开土地和家乡。朴实的农民们关心的是现时的农业收获和农事经验，不太关心来世和农事以外的事情，他们只希望年年风调雨顺，过丰衣足食的安定生活。因而，他们勤恳踏实，很少幻想。这就形成了以农民为主体的中国人重视实际、重视经验的民族性格，这种民族性格对中国文化具有全面而深刻的影响。

nián

年

楷体

甲骨文

金文

小篆

【年】 "年"只是一个表示时间的名词吗？不是，在中国，它是一个含有浓厚农业文化内容的词。

"年"是中国人非常喜欢的字，中国人过春节就叫"过年"。"年"和农业有直接的关系，甲骨文、金文的"年"，上边是禾、下边是人，整个字形像一个人背着一捆禾谷，表示农业收获

的意思。

《说文解字》对"年"的解释是"禾谷成熟"，就是说，"年"的本义是"收成"。商周时期，人们把经过一年劳动得到的收获，叫"受年"。由于那时候谷物一年只有一次收成，所以又

"过年"起源于商代腊祭

引申出"岁"的意思，一年就是一岁。这些都说明商周时期中国已经进入农业社会。

"过年"起源于3000年前商代的"腊祭"，"腊"是古代一种祭祀的名称，这是劳动人民辛勤耕作，获得丰收，到年底腊月（农历十二月）举行的对天神、地神和祖先的祭祀活动。春节是中国最古老，也是最大的民间传统节日，显示了十分鲜明的农业文化特色。如果想了解中国人的思想感情和风俗习惯，最好能和中国人一起过一次年。北京的天坛，是明代和清代皇帝祭天的地方，皇帝为什么要祭天呢？一是要显示"君权神授"——我当皇帝是上天叫我当的；二是祈求风调雨顺，农业丰收。天坛最大的建筑叫"祈年殿"，"祈年"就是祈谷（粮食谷物），祈求上天给人们一个好收成。

婚姻与家庭

古代的婚姻与家庭是人类文明的重要内容，关于这方面的很多知识，古老的汉字用自己的形体为我们保留下来了。

"安"字的创造。一个成年女子静静地跪坐在自己的屋子里，心里很安宁。整个字也给人一种安定和平静的感觉

ān

安
楷体

甲骨文

金文

小篆

【安】"安"字为我们留下了母系社会族外群婚阶段的一个图像，很有文化价值。

"安"，会意字。甲骨文的"安"字，外边是房子的形状，里边跪坐着一个女人。一个女人静静地跪坐在屋子里，会使人感觉到一种安定和平静，这安定和平静就是"安"字的本义；还可以解释为，屋子里有个女人，意味着已经结婚成家，可以安安稳稳地过日子了。不过，如果从文化的角度来看这个字，还会给我们带来更深一层的知识。"安"字是一个古老的字，它的造字反映了远古母系氏族社会，一种"只知其母，不知其父"的婚姻状况。在母系氏族社会后期，婚姻已不是氏族内的群婚了，实行的是族外群婚（对偶婚），成年女子要在氏族内接待氏族外的男子，这就要有自己的屋子。一个成年女子有了屋子，才算有了自己的"家"，心里才会安宁，这样，整个氏族也就安定了。

【娶】"娶"字是描绘父系社会婚姻的又一个的图像。

男子把女子接到自己家结婚叫"娶"，如"娶亲"、"娶妻"、"娶媳妇儿"、"娶老婆"等等。甲骨文的"娶"写作"取"，《说文解字》也

"婚"字的创造。黄昏后用武力抢妇的行动

qǔ

娶

楷体

娶

甲骨文

娶

小篆

说"娶：取妇也"，可见，最早的时候，娶亲是用"取"这个字的。"取（ ）"是一个会意字，左边是耳，右边是手，表示一只手拿着一只耳朵，其本义是"用武力获取"。原来，在古代战争中，抓住了俘虏，或杀死了敌人，要割下他们的左耳作为记功的凭证。男子把女子接到自己家结婚也用这个可怕的"取"字，说明那时候结婚就是用武力抢个老婆，这就是"抢婚"。后来在"取"字上加了个形旁"女"，成了一个形声字"娶"。今天，"娶"已是一个喜庆的字眼了。

今日喜庆的娶亲

114

jiā

家　　宀　　宀　　宀

楷体　　甲骨文　　金文　　小篆

"家"字的创造。屋子里有一头猪

【家】自从人们有了定居生活就有家了，家应该出现得比较早。"家"字的形体比较奇特，但真实地记录了远古家庭出现时的情景和古人对家的认识。

"家"也是一个古老的字，从字形上看是个会意字，"宀"下有个"豕（猪）"，也就是屋子里有一头猪。这是怎么回事呢？原来在远古时期，当人们已经定居，打猎和农业得到发展，从而有了更多的猎物和多余粮食的时候，人们就畜养动物了。

那时候，人们畜养了猪、牛、羊、狗、鸡、马等动物，这就是古人所说的"六畜"。猪是当时畜养最多最重要的动物，是人们主要的食物之一，也是财富和地位的象征，在中国的历史博物馆里会看到，一些远古氏族头领的墓穴里常常埋着一些猪头骨，有些地位高的头领的墓穴中会有几十个。那时候，如果有了屋子，养了猪，就能够生活，这就有了"家"了。考古工作者在远古遗址中已经发现了很多上面住人、下面养猪的房屋，这些能居住，又有食物来源的地方，大概都是"家"吧。

幸福的一家人

【好】 "好"字是一个记录远古先民生存意识的图像，既简单又深刻，真的很"好"！

"好"字的创造。女人能生育孩子就是"好"

"好"，会意字由"女"和"子"组成，意思是女人能生育孩子，就是好。在远古先民看来，只有多生育孩子，氏族才能强大，血统才能代代延续下去，所以能生育孩子是最好的事，生育孩子多的女子是最好的女子，这表现了远古先民一种强烈的生存意识。中国古代社会崇尚多子多福，每个家庭都希望能"四世同堂"，还认为"不孝有三，无后为大"（孟子语）。看来，生育孩子对一个女子来说是多么重要，可以说，在古代看一个女子好还是不好，首先是以能不能生儿育女为标准的。这种思想是古代农业生产需要大量劳动人口、血缘家族延续需要有后代的原因造成的，今天，情况已经发生了很大的变化。

在现代汉语中，"好"的词义很多，如优秀的、友爱亲密、容易、完成、特别等等；"好"字又可以读"hào"，用作动词，表示喜欢、喜爱的意思，如"我好唱歌，她好跳舞"。学习汉语的外国朋友对这些是比较熟悉的。

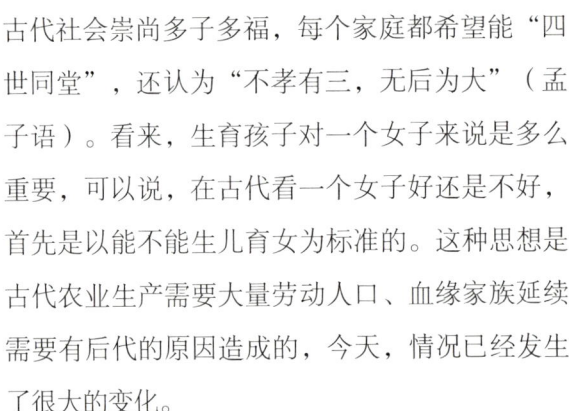

hǎo

好
楷体

甲骨文

金文

小篆

【孝】 "孝"是古代封建社会崇尚的道

"孝"字的创造。一个孩子搀扶
老人走路

xiào

孝
楷体

𡥑
甲骨文

𡥰
金文

𡥰
小篆

德标准之一，尊敬和很好地侍奉父母长辈就是"孝"，也叫"孝顺"。"孝"是一个有意思的会意字，甲骨文的"孝"字，下面是"子"，上面是草一样的东西，字的意思不太明显，有可能是孩子头上插一些花草做游戏，让老人高兴吧。金文"孝"字的意思就很清楚了，字的上面是一个弯腰驼背、头发稀少的老人形，下面是个孩子，表示孩子搀扶或背着老人走路，这正是尊敬老人、帮助老人的表现，表示一种孝顺的意思，也就是"孝"字的本义。孔子提倡"孝"，认为是家庭中最大的事，他说"弟子入则孝"，就是说子女在家里对长辈一定要孝。不过，那时候，不管父母长辈说得对还是不对，子女都得服从，否则就是不孝，这就有些不对了。今天，孝敬父母长辈仍然是一种美德，也是一种重要的社会道德标准，对父母长辈不孝的人，在中国是不会得到人们尊重的。

残酷的战争

"战争"是一个可怕的怪物，然而在人类社会历史的长河中，战争是十分频繁的。中国古代历史上也发生过无数次的战争，有氏族的战争、统治集团内部的战争、人民与统治者的战争、农耕民族与游牧民族的战争等等。汉字记录了这一战争史，有的甚至描绘了残酷的战争场面。

117

【戈】"戈"是一种古老的常用兵器，于是这个汉字就成了兵器和战争的代表字，很多与兵器和战争有关的字，都有"戈"这个字形。

戈是3000年前商周时代的常用兵器。"戈"字是一个象形字，甲骨文"戈"真实地描绘了这种兵器的形状：一支长杆，上面的长横是戈头。金文的"戈"显得更具体些，长杆上的戈头很像刀，长杆的下部还有叉，那是把戈插在地上用的。戈出现得比较早，考古学家在新石器时代晚期遗址中，见到过很多石戈，它们在当时很可能是砍伐树木的"斤"（斧）。商周和春秋战国时期，戈头多用青铜制成，并分短杆戈和长杆戈两种。短杆戈步兵使用，用于近距离的战斗；长杆戈在战车上使用，杆长能达到3米。西汉时期由于铁器的普遍使用，戈在战场上逐渐消失，一种叫"矛"的兵器替代了它。

戈这种兵器出现得早，这个汉字也出现得早，因此凡是与兵器和战争有关的文字，大都有"戈"这个字形，如"戌、戊、戍、戎、戒、戉、成、我"等字。在甲骨文中，"戊""戉""戍"都是大斧的形象，"戒"是双手持戈戒备的样子，"戍"是人在戈下守卫的意思。而"我"原来是一种锯齿状的杀人兵器，后来借用为表示"自己"的人

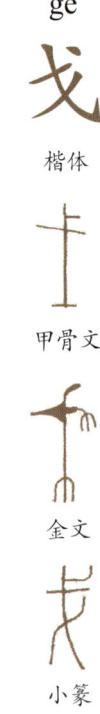

gē

戈

楷体

甲骨文

金文

小篆

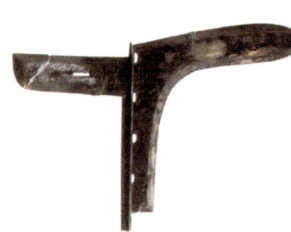

青铜戈（春秋时期）

楷体	字源图画	甲骨文	金文	字形解析
戊 wù				宽刃长柄战斧
戉 yuè				古代早期一种像大斧状兵器或刑具，用于砍头。后写成"钺"
戎 róng				戈和盾合在一起，表示兵器和军队
戒 jiè				双手拿戈，表示戒备
戍 shù				人在戈下，表示守卫
戌 xū				平刃短柄战斧
成 chéng				大斧砍下去，表示杀人完成
我 wǒ				古代早期一种锯齿状兵器，后借用为第一人称代词
或 huò				一座由戈保卫的城，后又在四周加方形边界成为"國"，简化字"国"

"伐"字的创造。戈凶狠地砍在人的脖子上

称代词（见上图）。用"戈"表示跟兵器和战争有关的字还有很多，如"战""武""戚""國（国）"等等。显然"戈"已经是一个表示兵器或战争的部首了。

【伐】甲骨文的"伐"字，是一个表意十分清楚的会意字，右边是戈，左边是一个人，戈头正砍在人的脖子上，是一幅可怕的图景！所以，"伐"的本义就是"砍杀"——砍杀人头！又

119

引申为"攻打"、"讨伐"、"征伐"。

征伐是要杀人的，在中国历史上大大小小的征伐中，被砍杀的人难以数计！战国时期，秦国征伐赵国，跟赵国在山西长平打了一仗，双方损失惨重，秦国杀死赵国兵士45万，秦国60万兵士也死伤了一半，战场上"尸横遍野""血流漂杵"（杵，木棒），就是说死的人太多了，到处是尸体，血都流成了河，把木杆兵器都漂起来了……这就是中国历史上最惨烈的"长平之战"。据估计，这一场战争至少有60万人被砍杀——这就是"伐"！

作为动词，"伐"也常常用在砍倒树木这样的事情上，如："伐木"、"采伐林木"、"砍伐树木"等等。然而，"伐"字形体表现的"用戈砍杀人头"的图景，却总是让我们感觉不太舒服。

【弓】甲骨文的"弓"字是象形字，完全是一张弓的样子。甲骨文的"弓"字有两个，一个是一张完整的弓，左边弯曲的线条是弓臂，右边比较直的线条是弓弦。弓臂上面多了一条线，那是装饰物，也可以在上边系上细线，线的另一头系在箭尾，这样，箭射出去还能收回来，这种早期的弓箭叫"弋"，用在渔猎活动中；另一个"弓"字和金文、小篆、隶书、楷书一样，就只有弓臂，没有弓弦了。弓臂多用有弹性的竹

fá

伐
楷体

甲骨文

金文

小篆

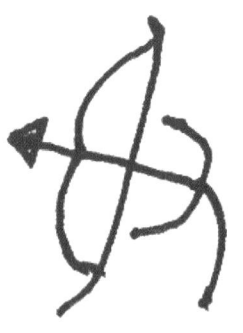

金文"射"字。这个字明显是一幅用手执弓射箭的图画

gōng

弓
楷体

甲骨文

金文

小篆

《射猎图》（远古岩画）。射
猎动物的场面在远古岩画中经
常出现

子制作，也有用木制作的。用弓射出的箭多用竹子制作，所以"箭"字的形旁就是竹（**竹**）。在古代，人们把箭称作"矢"，矢也是一个象形字，甲骨文写成"**矢**"，它的前端表示箭头，下边交叉的两条线表示箭杆尾部的羽毛。比较重的箭头能增加箭杆前部的力量，使射出的箭飞得更快更远，还能增强杀伤力；箭尾的羽毛有平衡箭杆的作用，使射出的箭飞得更平稳，准确度更高。

　　中国古代对射箭非常重视，孔子时代就把射箭作为"六艺"中的一种，认为射箭是每一个为国家做事的人必须要掌握的六种技能之一。弓箭在古代战场上起过非常大的作用，用弓箭打败敌人的战例非常多。今天，弓箭早已退出战场，但喜爱射箭的人还是很多的，我们在奥林匹克运动会上还能看到射箭的精彩场面。

《弋射图》（战国铜器图案）。弓箭手在用带细线的箭射杀飞鸟

【盾】 在古代，最灵活的防守兵器是"盾"，这是一种拿在手中的兵器，战斗中，一手拿戈（或矛、刀、斧等）一手拿盾，可攻可守，增强了战斗力。盾在战争中有这么大的作用，于是成为古代最有代表性的防守兵器。

甲骨文的"盾"是象形字，画的就是一个盾的形状。金文有一个"盾"字已经是会意字了，上边是一个人，下边是盾，表示人拿盾护卫自己。最早的盾是用木头做的，上面还有兽皮。后来就用金属铸造了。我们现在能看到很多出土的古代金属盾牌。

中国古代有一个矛与盾的故事：楚国有一个卖兵器的人，他举着盾叫卖："我的盾很坚硬，任何矛都不能刺入。"又拿起矛叫卖："我的矛很尖利，任何盾都能刺穿。"旁边有人问："那么，用你的矛刺你的盾，会怎么样呢？"卖兵器的人想了半天也没回答出来。后来，人们就用"矛盾"这个词表示相互抵触的事物。

在古代，中国有一个巨大的"盾"，那就是万里长城。万里长城建筑在中国北方，2000多年

【孙子兵法】
《孙子兵法》是中国古代著名的兵书，也是世界上最早的兵书。这部书是春秋晚期齐国杰出军事家孙武写的。书中详细地讲述了战略战术的原则；强调作战时除了要知道自己这一方的情况，还要了解对方的情况；提出集中兵力打击敌人的重要性；并表明要重视战争但不要轻易发动战争。《孙子兵法》标志着中国古代军事思想的成熟。

青铜盾（秦代）

dùn

| 楷体 | 甲骨文 | 金文 | 小篆 |

万里长城——古代军事防御的大"盾"

中，它在防御北方游牧民族的侵扰，保卫黄河流域农耕民族的农业生产和安定生活方面起了重大作用。万里长城是军事防御工程，不是军事进攻工程，它确实是保卫古代中国的一个大"盾"。

日常生活

很多汉字的创造来源于古代人的日常生活。衣、食、住、行是人们日常生活最基本的需要，这方面的汉字非常多。

穿长裙的宋代女子（北宋泥彩塑）。收藏于山西太原晋祠

【衣】 "衣"是一个象形字，甲骨文、金文、小篆的"衣"字都是古代上衣的形象描绘，上边是衣领，下边是衣襟，两边空的地方是衣袖，非常形象。现在，中国人把衣服说成"衣裳"，可是在古代这是两个词，"衣"指

上衣，就是古"衣"字的样子；"裳"（古字是"常"）指下身穿的裙。古代有"上衣下裳"的说法，就是说人们的服装是，上身穿大袖的长衣，下身穿裙子。还有一种上衣和裙子联结的服装，叫深衣。裤子是后来才出现的，裤子是北方游牧民族带给汉民族的礼物，游牧民族生活在草原上，裤子适合骑马的生活。裤子不像裙子那样肥大，方便了人们的日常生活和工作，它的出现是中国服饰文化史上的一次革命。

从甲骨文时代到清代，中国古代服装样式丰富多彩，但基本上是"衣"字所描绘的样子，可以说，"衣"字服领导了中国服装潮流三千年。"衣"作形旁，放在字的左边写成"衤"，放在字的下边或右边仍写成"衣"。"衣"作形旁的字多跟衣服有关，如"衬""衫""袄""袍""裙""褒""装"等。仔细看，偏旁"衤"明显是从"衣"变化来的，"衣"字右边的撇和捺，正是"衤"右边的那两个点。

【食】"民以食为天"。自古以来，吃饭一直是中国最大的事，"以农立国"是历代统治者

yī
衣
楷体

甲骨文

金文

小篆

清代的龙袍

shí

楷体　　　　甲骨文　　　　金文　　　　小篆

的国策。在世界上，中国还是一个饮食文化大国。

　　"食"，会意字。甲骨文的"食"字，下面是装满了食物的食器，上边的两个点，表示食物多得已经向外流了，最上面的三角形表示盖子，这是用来保温的。这样的食器是古代盛稻米、高粱、小米的器物，所以"食"字作名词时，专指主食，也表示所有的食物；也有人认为，甲骨文"食"字上面的三角形是人的"口"，下面的两个点是人面对食物流下的口水，可能是想吃或者正在吃东西，这种解释也很有意思。总之，"食"字与吃的食物或吃的动作有关。"食"作名词时，表示食物，例如"主

满汉全席，兴盛于清代，是集中满族和汉族菜点精华而形成的中华大宴。满汉全席是官场宴会满族人和汉族人坐在一起吃饭的一种全席，上菜108种，分三天吃完。满汉全席既有宫廷菜，又有地方风味菜，是中华饮食文化的瑰宝

食""冷食";作动词时，表示吃的动作，例如短语"食肉动物"和成语"废寝忘食"中的"食"。"食"是个部首字，所有用"食"作偏旁的字，大多都与"食物"或"吃"有关，如"饭""饼""饮""饿""饱"等字。

"食"字出现得比较早，在甲骨文中主要用作"吃饭"，而且吃的是熟食。中国的饮食文化就是从吃熟食——烤肉开始的，那是更早的原始社会的事了，例如古汉字"炙（炙）"，上边是"肉"，下边是"火"，展示了用火烤肉的图景。在甲骨文时代，饮食（吃与喝的总称）文化已经十分发达，仅以青铜器为例："鼎"是煮肉的锅、"甗"是蒸食物的锅、"簋"是盛主食的食器、"尊"是盛酒的容器、"爵"是喝酒的杯，这些器物字甲骨文里都有。再例如甲骨文和金文中都有"酉"字，这个字不但表示盛酒的陶制酒坛，而且也表示喝的"酒"，《说文解字》中以"酉"作偏旁的字就有67个，表明中国酒文化的历史是很悠久的。甲骨文中用"食""火""禾""米""肉（月）""羊""酉""皿"作偏旁的字非常多，它们构成了丰富多彩的饮食字，这些饮食字不但说明中国饮食文化的源远流长，而且说明中国这个农业大国最重要的一个道理——"民以食为天"。

【中国的菜系】

中国饮食文化历史悠久，风格独特，经过几千年的发展，形成了各地不同的风格，即不同的菜系。通常所说的"八大菜系"是：鲁（山东菜）、川（四川菜）、粤（广东菜）、闽（福建菜）、苏（江苏菜，主要指淮扬菜）、浙（浙江菜）、皖（安徽菜）、湘（湖南菜）。也有"四大菜系"的说法，即鲁、川、淮、粤。另外，北京的宫廷菜也是很有名的，历来受到人们的喜爱。

zhù

住

楷体

佳

小篆

【**住**】 中国建筑历史悠久，民族风格浓厚，在世界建筑史上占有重要地位。从远古的南方河姆渡文化遗址干栏式房屋、北方半坡遗址浅穴式房屋，到明清两代的故宫建筑物，中国古代建筑已经有7000年历史了。中国古建筑的特点，总的来说，主要是木结构、大屋顶和平面组群布局，大家熟悉的北京的故宫就体现了这些特点。这些特点在汉字中都有形象的记录。用"宀""穴""土""木""广""户"等作形旁的字，差不多都和建筑有关，例如"宀"，就是两边有木柱、上边为尖屋顶的房屋的外形，表示房屋的字多用它作形旁，像"家""宅""安""宫""室""宿""寓""宇"等字；"广"表示有屋顶的大屋子或无墙的屋廊，像"庙""府""庭""库""廊""店"等字。这两类字多是有尖屋顶或大屋

北京的民居——四合院

127

安徽徽派民宅

贵州苗家吊脚楼

顶的建筑。以"木"为形旁的字多和木结构建筑或使用木构件有关，如"楼""柱""梁"等字；以"土"为形旁的建筑字一般和土、石结构有关系，如"墙""城""塔"等字。这两类字也很多。

在众多表示建筑的汉字中，值得欣赏的是"宫（宫）"字，它不但表示有大屋顶，而且还展示了平面布局的特点。从侧面看，上面的"宀"是大屋顶的形状，下面的两个"口"像是窗户；从上往下看，它又像是一张建筑平面图，下面的两个"口"，表示房屋很多。描画一个"宫"字，用了两个观察角度，把古建筑的大屋顶和平面布局的特点都表现出来了。

北京故宫太和殿。太和殿是木结构和大屋顶的典型建筑，故宫建筑群也是平面组群布局的典范

xíng

行　苁　苁　苁

楷体　　　甲骨文　　　金文　　　小篆

"行"字的创造。人们走的
"十"字大路

玄奘步行取经图

【行】　"行"，象形字。甲骨文和金文的"行"，像常见的"十"字大路，所以"行"的本义就是"大路""大道"。路是人走出来的，又是供人走的，所以"行"又指行走、步行。中国面积广大，山地多，江河湖泊多，树林沙漠多，古代人一直有"行路难"的慨叹。去近的地方可以步行，远的地方就要靠舟船车马了。车马是最早出现的交通工具，古代人们出远门是要乘车的，例如春秋时期的孔子去了很多诸侯国宣传他的政治主张，坐的就是牛车或马车；秦始皇统一中国后曾经巡游各地，乘坐的是马车，在西安秦始皇陵出土了两辆铜车马，据说秦始皇巡游时乘坐的车就是这样的。"舟"，就是船，也是象形字，甲骨文的"舟"明显是一条小木船的样子。商代的考古证实，当时的舟船运输已经很发达；著名的唐代僧人鉴真东渡日本传送佛经，明代的郑和下西洋访问南亚、西亚和非洲，乘坐的已经是大海船了。

但是，也有出远门不坐车马舟船的，最有名的，一位是唐代僧人玄奘，他从西安到古印

129

孔子乘车远行图

度取回了佛经，神话小说《西游记》就是根据他的经历编写的；另一位是明代大旅行家徐霞客，他去了很多地方，写了一本书，叫《徐霞客游记》。玄奘和徐霞客的行程都是数万里，却是"行"走，就是说是用两只脚走着去、走着回来的。

文化生活

【 **乐** 】 "乐"，会意字。甲骨文的"乐"字，下面是木，上面是丝弦。金文在丝弦中间加了个"白"字一样的东西，很像是弹拨丝弦的拇指，整个字形像是一把古琴的样子。原

yuè

楷体　　甲骨文　　金文　　小篆　　繁体字

宋代临摹本《韩熙载夜宴图》中的乐器演奏

来"乐"的本义是指丝弦乐器，后来，"乐"成为所有乐器的总称，又泛指音乐。中国是一个喜好音乐的国家，古老的《诗经》里就记载了70多种乐器（如鼓、缶、磬、钟、琴等）和很多古乐曲。在古代，音乐与舞蹈、诗歌是紧密结合在一起的，有乐就有舞，古代留下了很多《乐舞图》这样的绘画作品，从中可以看到当时乐舞活动的盛况；有诗就有歌，《诗经》里的诗当时都是唱出来的，所以汉语中有"诗歌"这个名词。

音乐能使人愉快，所以"乐"又引申为喜悦、欢喜的意思，如"快乐""欢乐""乐园"等词语，这时，"乐"就不读"yuè"了，而要读"lè"。

中国早期的音乐艺术，音乐、诗歌、舞蹈是紧密结合在一起的，诗歌要唱出来，而且要边唱边舞。

【舞】 "舞",最初是象形字。甲骨文的"舞"字,像一个人双手拿着树枝或牛尾跳舞,本义是舞蹈。金文在字的下边又增加了两只脚,使字的形象更加明确,这时的"舞"字已经是会意字了。跳舞时人们会欢乐地发出"呜呜"的叫声,"舞"字"wǔ"的发音很可能来源于这种声音。远古先民通常用歌舞来表达心中的情感和愿望,特别是通过歌舞来和祖先神灵沟通,希望得到祖先和神灵的保佑,那时候在祭祀或巫术活动中总是要有歌舞的。在青海省发现的著名的5000年前的"舞蹈纹彩陶盆",内壁上画着15个人跳舞的图案,他们5个人一组,手拉手,踏着节拍,欢快地跳着集体舞,气氛非常热烈。这些原始氏族的成员可能是在庆祝获得了猎物,也可能是在参加某种巫术活动吧。广西花山岩壁上画着1900个人共同舞蹈的场面,气势十

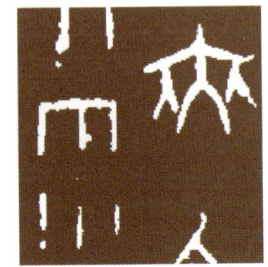

记录手拿牛尾跳舞求雨的甲骨文（商代）

wǔ
舞
楷体

甲骨文

金文

小篆

《韩熙载夜宴图》中的舞蹈

代表马家窑文化的舞蹈纹
彩陶盆

cè

册

楷体

甲骨文

金文

小篆

"典"字的创造。一双手捧
着简册，表示对简册的重
视。图为甲骨文"典"。

分宏大。花山岩画是祭祀山神和河神多次活动的记录，这些红色的舞蹈人，往往会把人们带到古老而神秘的世界中去。在古代，人们为了风调雨顺，拜龙求雨时也常常要跳舞的。看来，古代早期的乐舞还不完全是为了娱乐，劳动生活的需求才是更重要的。

【册】造纸术和印刷术被列入中国古代科学技术的"四大发明"，最早的纸书出现在中国是很自然的事了。那么，比纸书更早的书是什么书呢？是竹书，形状就是"册"字描画的样子。

"册"是古代的书，象形字。在纸还没有发明和使用以前，人们要把字刻写在龟甲兽骨上，或者铸刻在青铜器上，这就是著名的甲骨文和金文；人们还把字写在竹片和木片上，这就是竹简和木简。竹木简比较细，一般只写一行字。如果字很多，就要把许多竹木简用麻绳或牛皮绳连接起来，这就成了"册"，即"简册"。古文字的"册"是很像简册的，那些竖直线描画了一片片的竹简，那一圈横线条就是连接竹简的绳子。直到今天的楷书"册"，还是挺像简册的，只是简化成两片竹简和一条绳子了。战国和汉代的竹木简册已经出土了很多，早在晋代时，就在战国墓中出土了很多竹简册，其中最有名的是《竹书纪年》，书名告诉我们，这是一本写在竹简上的

秦始皇每天要翻看120斤（秦代1斤约合现在253克）的简册

历史书。之后，地下的秦汉竹木简册不断出土，数量惊人。"简册"就是古代的书，想一想，这书该是多么笨重！据说秦始皇每天要翻看120斤的公文，需要大力士抬进皇宫里，他看的就是简册。中国有个成语"学富五车"，用来比喻一个人知识丰富，读书很多。这个成语来源于战国时期，是说当时有个名叫惠施的人，学问很大，很喜欢读书，他每次外出都要用五辆车来装要读的书。这些书肯定是竹木简册了。

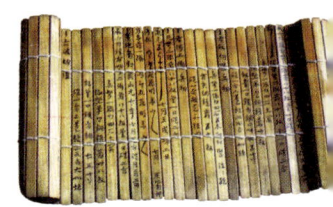

木简册（汉代 内蒙古居延出土）

汉字的艺术

汉字艺术主要表现在汉字书法、汉字美术字和汉字印章三个方面。汉字艺术，在世界各民族文字中显示出了独特的魅力。

汉字起源于图画，那方块形的字体本身就是天地山川等自然万物抽象的再现，也是中国人思维创造能力的体现。源于图画的汉字为汉字艺术准备了很好的条件，使汉字艺术具有了极强的艺术观赏性。

汉字书法艺术

　　书法是汉字的书写艺术，是让汉字有了"生命"的艺术。很多人平时写的汉字，不能说就是书法作品，如果字写得有力，写得活，看起来有美的感觉，就有点像书法了。书法是笔画和结构都写得有力、写得美的字，是一种独特的线条艺术。源于图画的汉字为汉字书法准备了很好的条件，并使汉字书法具有了很强的艺术观赏性。汉字书法的观赏性已经超过了它的实用性，这在世界上是独一无二的。

抒发情感的线条艺术

　　汉字书法的美，主要是线条的美。汉字由笔画构成，而笔画是由线条来表现的，汉字书法正是凭借线条的丰富形态、曲直运动和空间构造，表现出种种的形体姿态、动势和情感、趣味，我们可以从线条和由线条组合的形体，获得不同的美感和情感。小篆、隶书、楷书、行书和草书等多种书体，又使汉字的笔画线条更加丰富多姿。例如，甲骨文线条细瘦硬直的古朴美，金文线条粗重丰满的厚重美，小篆线条匀称圆转的曲线美，隶书线条或圆润或瘦劲的波状美，楷书线条工整丰厚的庄重美，草书线条龙

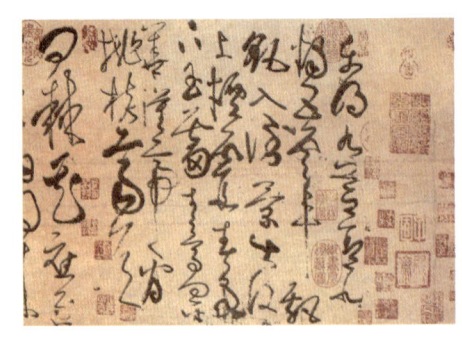

书法作品《自叙帖》（局部）唐代怀素

飞凤舞的飞动美，行书线条秀美自然的流畅美等等，给欣赏者带来不同的艺术感受。

中国书法艺术源远流长，三千年前，当商代人用刀在龟甲兽骨上刻写甲骨文时，最初的书法艺术创造就开始了。之后，各个朝代在书体和风格方面都取得了不同程度的成就，出现了数不清的优秀书法家和书法作品。总的说来，汉字书法是以楷书和行书为主的，千百年来，人们总是非常崇拜东晋的王羲之和唐代的颜真卿，王羲之的字秀美流畅，颜真卿的字雄伟刚劲，形成了汉字书法的两大流派。这两大流派书法风格不同，但都是在用书法抒发思想感情，表达人的喜怒哀乐。书法是体现人的精神的艺术。

美妙的艺术意境

米芾写的"山"字

汉字起源于图画，方块形体中的象形因素展示着自然万物的美，这是一种视觉的造型美，一种可以激发艺术家和书法家艺术想象力的美，这是拼音文字所不具备的。自古以来，利用汉字象形因素创造的艺术品非常多，有些作品极富艺术意境。

米芾画的山水画

"山"字形体简单，只有3画，但在宋代大书法家米芾笔下，就像是一幅描绘高山的墨笔画，三座山峰高高挺立，粗重的笔画非常有力量，给人强烈的视觉感受，这是一种意境的美。米芾也是个大画家，他经常画山，

对山非常有感情，可以说，这个"山"字就是他心中的那座高大雄伟的"山"，他写"山"字，就是用毛笔把自己对山的感觉"画"出来。古代有"书画同源"的说法，认为书法和绘画是相通的，所表现的都是自然界的事物，书法就是"画"字，绘画就是"写"画。因而，我们欣赏这个"山"字书法作品，就好像是在欣赏一幅中国山水画作品。

《山高月小》 周琪（现代）
图画似的象形书法充分展示了汉字形体的象形因素。欣赏这样的书法作品，是一种视觉上的艺术享受

书法家们还利用汉字的象形因素创造出一种象形书法。这是现代的象形书法作品《山高月小》。作品的右边是"山"和"高"字，"山"字笔画粗壮，很像一座大山，"高"字像一个坡顶的房屋，它的最后一笔向左拉长，成为土地；左边是"月"和"小"字，"月"字就是一个月牙形，"小"字在左下方，形体很小。整个画面有近景（房屋、土地）、中景（大山）和远景（月亮、星或树木），景象优美，画面幽静。作者再现了象形字本来的形象，再加以巧妙组合，使整个画面有了一种幽美的意境。

汉字的象形因素为书法家提供了充分想象和艺术表现的空间。这里，我们来欣赏现代书法家、诗人毛泽东书写的草书"缚"字。这个"缚"字，一笔写出，笔画飞动，刚劲有力，特别是那相连的笔画，很像一张用绳子编

草书"缚"字 毛泽东（现代）
书法家用"缚"字编织了一个严密的大网，造成了一种艺术意境

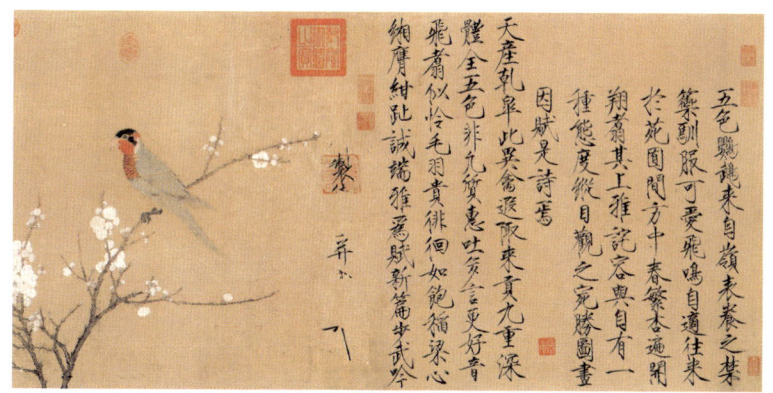

北宋皇帝宋徽宗（公元1082—1135年）书法与绘画

织的大网，书法家充分利用了汉字"缚"的字形和字义，以自己的艺术想象，一口气写出了这个充满豪迈气魄和书法艺术美的"缚"字，使观赏者得到了一种力与美的感受。

笔落到纸上到笔离开纸，叫一笔。有些书法家喜欢一笔写出汉字，俗称"一笔书"。有的人喜欢写"一笔寿"，有的人喜欢写"一笔福"，有的人写出了"一笔虎"，有的人写出了"一笔龙"。这种"一笔书"不但笔画流畅，而且很有气魄和神采，受到人们的喜爱。

独特的书法工具

中国书法是独特的毛笔书写艺术，欣赏和了解这门艺术，一定不要忘记所使用的工具——笔、墨、纸、砚，人们亲切地把它们叫作"文房四宝"。这些书法工具决定着书法的表现形式、效果和特征，没有这些书法工具，就不会有中国书法艺术，用不好这些书法工具材料，也不会产生优秀的书法作品。

汉字美术字

美术字是经过艺术设计的图案式文字。报纸、杂志、书籍上的大大小小的印刷体字，广告、海报、路牌、商品上的形形色色的字体，多是经过了艺术家的精心设计的美术字。美术字表现的是文字本身的图案美和装饰效果，象形汉字为美术字的创造准备了很好的条件。

汉字美术字是字形本身经过艺术设计的图案式文字，具有美化事物的作用。汉字美术字和汉字书法是有区别的，同是汉字艺术，汉字书法表现的是作品的笔墨美和书写者的思想感情；而美术字是专门为艺术的要求而设计的，它表现的是汉字本身的图案美，要的是一种装饰效果。汉字美术字和外文美术字也不同，外文美术字虽然也是对拉丁字母的装饰，但字母本身不具备象形因素；而汉字形体上是有象形因素的，汉字本身丰富的笔画和形体，也是拉丁字母所不具备的。

漂亮的外文美术字

在拉丁字母的基础上装饰加工而成的外文美术字也很漂亮，但是，拉丁字母数量不多，形体也比较简单，而以象形字为基础的汉字，在笔画

青铜器上的"龙（龍）"字。这个刻铸在青铜器上的图形文字"龙（龍）"，展示了一条龙的形象，形体生动，左右对称，十分古朴，可以说是一幅精美龙形图案画了

青铜器上的"鹿"字铭文

青铜器上的"渔"字

【古代最早的美术字——族徽、图腾文字】
商周青铜器上的族徽、图腾文字，是中国文字成熟以后最早出现的美术字，流行了五百多年。这种文字所表现的美术装饰风格和原始古朴精神，对后代的美术字和装饰艺术影响很大。

上和形体上就丰富多了，所以汉字更便于装饰加工，写出的美术字也更加多彩多姿。

古代的美术字

自从有了汉字，就有了美术字，这种具有装饰性效果的字体，对美化事物、美化生活起了重要作用。古代的汉字美术字主要有族徽图腾文字、鸟虫书、小篆和宋体字。

古代最奇特的美术字——鸟虫书　春秋战国时期，各诸侯国的青铜器上出现了一种用鸟、虫、兽、鱼作装饰的文字，这就是鸟虫书。漂亮的鸟虫书表现了当时人们的审美情趣和热爱生活的美好情感。鸟虫书盛行了三百多年，春秋战国以后，逐渐消失。鸟虫书，这种漂亮而奇特的美术字，在中国美术字史上留下了光辉的一页。

鸟虫书是用鸟兽、鱼虫的形体美化文字的一种青铜器铭文。鸟虫书字形修长，线条弯曲，生动活泼，奇特而有趣。作为美术字，鸟虫书与商周青铜器上的图腾文字相比，显得更加成熟了。

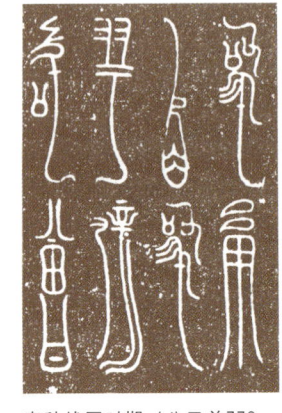

春秋战国时期（公元前770-前221年）漂亮的鸟虫书

古代最优美的美术字——小篆　在汉字的各种字体中，篆书，这里特指秦汉时期的小篆，是最有装饰效果的汉字了。小篆笔画圆转优美，形体平衡对称，极富图案装饰特征，字体本身就是一种美术字。尤其是汉代的小篆，使用范围十分广泛，笔画和形体多姿多彩，达到了篆书美术字的辉煌顶点。今天，篆书仍然为人们所喜用，很多中国人都有用小篆刻制姓名印章的习惯，在一些书法、中国画、广告、书报、建筑、服装、电器、邮票，以及人民币上，都能见到这种漂亮的字体。

小篆的基本笔画是竖、弯、横三种，并由粗细一样的这三种笔画线条，组合成均衡对称的长方形字形结构。小篆表现出的线条美和结构均衡美，正是美术字所需要的。在结构的均衡和对称方面，小篆表现得最为充分，无论是独体字还是合

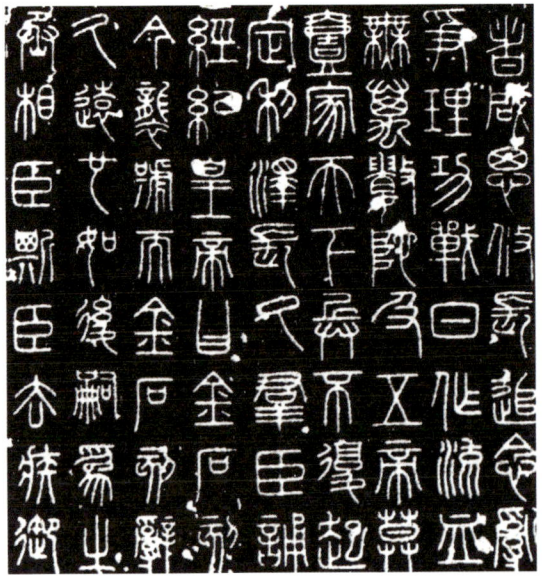

秦始皇《峄山刻石》拓片。刻石上的小篆，形体工整对称，笔画圆转舒展，展现了一种书法曲线美

瓦当《永奉无疆》（汉代）

铜虎符（秦代）

体字，也无论是上下结构字还是左右结构字，小篆总是能形成对称的笔画，使整个字形变得非常均衡。秦汉时期，极富图案装饰特征的小篆，经常装饰在石碑、瓦当、兵器、印章、铜币上。

古代最重要的美术字——宋体字　雕版印刷术发明以后，人们开始用刀刻版印书，为了快速雕刻，一种笔画横平竖直、横细竖粗的方形字体兴盛起来，这就是宋体字。宋体字对楷书的笔画和结构作了改进，成为一种刻制方便、很有装饰性的固定样式，我们叫它宋体美术字。宋体美术字在明清时期已经相当成熟。宋体美术字是现代美术字的开端。

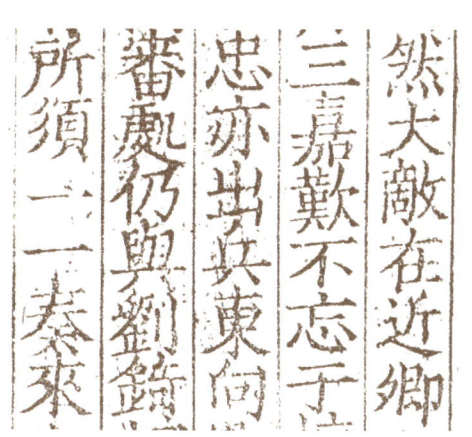

南宋（公元1127-1279年）雕版印刷书籍《忠文王纪事实录》

宋体字对后代影响很大，至今仍在广泛地使用中。今天印刷品采用的文字主要是宋体字，同时，它又是后来各种美术字的基础，所以，宋体字是一种非常重要的美术字。

宋体字的特征是：笔画横平竖直，横细竖粗；横画收笔处有三角形装饰，笔画转弯处有方角形装饰（这些装饰其实是为了雕版时减

143

宋体美术字

印刷体宋体美术字。这几个字是印刷体宋体字，它的笔画横细竖粗，笔画装饰浓厚，看上去工整大方、活泼美观

宋体美术字

手写体宋体美术字。这是手写体宋体字，它的笔画也是横细竖粗，但笔画装饰更富于变化，字体显得活泼秀美，有一种清新明快的韵味

少用刀自然形成的）；无论笔画多少，都要充满在同样大小的方格里。宋体字的美是一种真正的工整美。

现代汉字美术字

现代美术字是在宋体字的基础上发展起来的。作为一种艺术，现代美术字除了印刷体美术字以外，还表现在手绘美术字方面。现代美术字的类型主要有宋体美术字、黑体美术字和变体美术字三种。

宋体美术字　宋体字是各种美术字的基础，宋体字工整美观、活泼又秀丽。可以写成方形、扁方形和长方形，横平竖直、横细竖粗的笔画和笔画装饰是它的主要特征。宋体美术字使用量最大，书籍报刊上使用的字体多是它的印刷体。

钢笔手写仿宋美术字。秀丽而文雅的仿宋字给这篇用钢笔书写的诗词作品增添了书卷气

沁园春　雪

一九三六年二月

北国风光，千里冰封，万里雪飘。望长城内外，惟余莽莽；大河上下，顿失滔滔。山舞银蛇，原驰蜡象，欲与天公试比高。须晴日，看红装素裹，分外妖娆。

江山如此多娇，引无数英雄竞折腰。惜秦皇汉武，略输文采；唐宗宋祖，稍逊风骚。一代天骄，成吉思汗，只识弯弓射大雕。俱往矣，数风流人物，还看今朝。

钢笔长仿宋

144

宋体美术字中有一种模仿宋体字的字体，叫仿宋美术字。仿宋美术字字形略长，笔画粗细均匀，横画向右上方倾斜，看上去十分秀丽。仿宋美术字是现代美术字中最清秀文雅的字体，经常用在书写注释、说明、小标题、展牌，以及诗词等方面。

黑体美术字　　黑体美术字也是在宋体字基础上形成的，黑体字把宋体字的横画加粗，让横画和竖画粗细一样，同时去掉了笔画装饰。黑体字字形方正简明，笔画宽大，看上去朴素大方、厚重有力，十分醒目。黑体字书写简便，使用广泛，大标题、标语、书名、广告，经常使用黑体字。现代丰富多彩的美术字，多是在黑体字基础上进行加工形成的。

变体美术字　　变体美术字是在宋体字和黑体字的基础上，进行字形变化或美术装饰而成的字体。由于黑体字结构均衡，字形简明，便于装饰，所以更多的变体美术字是从黑体字变化来的。变体美术字生动形象，活泼有趣，富于艺术

黑体美术字

印刷体黑体美术字

手绘变体美术字"术"。很明显，这些形态不同的变体美术字都是由黑体字变化而来的

中國藝術　旅游　三角牌

准圆美术体　水柱美术体　粗圆美术体　综艺美术体

长美黑体字　彩云美术体　彩云美术体　细黑美术体

形式多样的变体美术字

"虎"（邮品装饰）。
把甲骨文"虎"字变形
为漂亮的美术字，使古
老的象形字散发出现代
艺术气息

感染力。它使用相当广泛，是一种人们十分喜爱的美术字。

变体美术字形式多样，直接由宋体字和黑体字变化来的就有多种，例如，把黑体字的笔画两端和转折处写成圆形的幼圆美术体、把宋体字和黑体字结合写成的长美黑体，以及笔画变化多端的字体等等。

变体美术字中，还有一种图画性很强的字体——变体图形美术字，这种字体充分利用了汉字的象形因素和容易造型的特点，图案形象生动有趣，展示了象形汉字的独特魅力，是人们十分喜爱的变体美术字。

汉字印章艺术

很多学习汉语的外国留学生来中国后，有了自己的汉字姓名印章。常常见到他们在众人中骄傲地显示着这种刻字的石块，讲解着上面那反刻的弯曲的汉字，脸上露出的是拥有宝贝似的得意和神秘——他们知道，当自己的名字刻在了这小小的石块上面，这小小的石块就有了灵性，有了生命。汉字印章最初是为了保护公文信件的安全出现的，后来发展成为一种精美的汉字艺术。

印章艺术

汉代官印《皇后之玺》
（现藏陕西省博物馆）

汉代封泥《齐铁官印》实物

刻汉字印章，也叫做治印，因为多用篆字，所以又叫篆刻。这是一种用刀把汉字刻在玉石、象牙、兽角、木头以及铜、金、银等材料上的作品，是具有独特艺术风格的汉字艺术。自古以来，作为凭证，印章广泛使用在社会生活中。

官印和私印　中国古代印章总体上可分为官印和私印两大类，官印是地位和权力的象征，是由皇帝或官府刻铸的；私印是一般人的姓名印等，内容丰富，形式比官印活泼得多。在古代，一般人的印章叫"印""印信""印章""图章"，皇帝的印章叫"玺"或"宝"。汉代印章是古代印章艺术的高峰，官印和私印都刻制得很好，古朴生动，具有一种雄浑的气势。汉代印章对后代的印章艺术影响很大。

"封泥"上的印文　　秦代和汉代前期还没有纸，那时候的公文和书信一般写在竹简、木简上，发送时，为了防止别人偷看或改动，主人要把竹木简用绳子捆绑好，在绳子捆绑处封上一小块泥，再把代表官府或个人身份的印章压印在泥上，这样，在泥上就留下了立体的印文。泥块干燥后很坚硬，这坚硬的有立体印文的泥块就是"封泥"，

秦代封泥《城阳侯印》拓片

也叫"泥封"。如果封泥破坏了，就会知道有人打开过竹木简。可见，印章是检验身份的凭证。后来有了帛和纸，人们就不再用封泥，而是把印章直接盖在纸、帛上了。考古发现，用于封泥的印章几乎都是"白文"印，印章上的字是凹的，压印在封泥上以后，封泥上的字就是凸的了。封泥的出现，促进了印章的发展。

文人的印章　　玉石、铜、金、银等材料比较坚硬，制作印章是很困难的，最初，画家、书法家的印章要请专门制印的人为他们刻制。元明时期，一些画家、书法家发现石头比较软，用刀刻制比较容易，就开始自己用刀在石头上刻印了，他们把刀当

古画上的印章。中国人收藏书籍和书法绘画作品，往往要在上面盖上自己的印章，用来表示自己是收藏品的主人。这幅唐代画家韩幹画的著名古画《照夜白》上，盖满了收藏者的印章

作笔，在小小的石头上尽情地发挥自己的艺术才能。从此，印章真正地进入了艺术世界。画家和书法家们在完成书法和绘画作品后，一定要在上面盖上自己的姓名印章或其他文字内容的印章，一方面表明是自己的作品，同时也表达自己的思想感情和艺术趣味。书画作品上面要盖上印章，其中，中国画更是"诗书画印"结合于一体的作品，人们认为，没有印章的中国画是不完整的作品，小小的红印章在中国画中有美化画面和均衡画面的作用。

印章的美　　刻印章主要有两种形式，一种叫白文印章，一种叫朱文印章。白文（俗称"阴文"）印章是用刀在石头上直接刻出字的笔画线条，字的笔画线条是凹的，在石面以下。如果使用红印泥，那么，盖出的字是白的，没字的地方是红的（见《玉砚楼》）；朱文（俗称"阳文"）印章是用刀把字的笔画线条以外的石面刻掉，只留下凸起的笔画线条，盖出的字是红的（见《江南布衣》）。

白文印章《玉砚楼》
（清代　黄易）

朱文印章《江南布衣》
（现代　齐白石）

文人刻制的印章。长方块形石头印章，是文人们的普遍选择。红色颜料是"印泥"

印章的美表现在书法、刀法、布局的精美上，如篆书、楷书、隶书等书法美的表现，各种用刀手法艺术的体现，字在方寸之间巧妙的安排等，其中某一个方面表现得不好，整个作品就失败了。作为篆刻艺术，印章创作的灵魂更多的体现在刀法上，人们往往以刀法的视觉效果来评价印章艺术水平的高低，那些用刀熟练，刻出的笔画有特殊味道的作品，是会受到人们喜爱的。例如现代大画家齐白石刻的朱文印《江南布衣》古朴精美，四个篆书字体互相穿插，互相依靠，巧妙地组合成一个方块形体，刻出的线条有粗有细，有连有断，好像一口气刻成，显示了非常熟练的刀法。

肖形印《鹿》
（战国）

肖形印《猎虎》
（汉代）

"中国印·舞动的北京"
（现代）

肖形印　印章中有一种刻有动物和人物图案的"肖形印"，这种图画印章最早印在竹木简上的泥封上，有标志作用，也用来表达主人的情趣，后来逐渐成为人们欣赏的精美艺术品了。肖形印出现得比较早，春秋战国时期就有人刻制了。汉代人好像特别喜欢肖形印，作品多，内容丰富，古朴有趣，很有气魄雄浑的时代特点。汉代以后，刻肖形印的就不太多了。肖形印是表现图案美的印章，具有很高的欣赏价值。现代，有些人很喜欢刻肖形印，出现了不少优秀作品。2008年北京奥林匹克运动会会徽——"中国印·舞动的北京"，采用的就是肖形印的形式。

"汉委奴国王"金印（东汉）　　"皇帝之宝"金印（清代）　　清朝政府颁发给西藏达赖喇嘛的金印（清代）

著名印章

在中国历史上有很多与印章有关的故事，一些保留至今的珍贵印章，成为了历史事件和文化史实的见证。

印章艺术精品欣赏　　千百年来，书法家、画家和篆刻爱好者们刻制了很多风格独特的印章，下面，我们仅从明清以来的优秀篆刻作品中选出几枚精品，供大家欣赏。

书法、美术字、印章，是优秀的汉字艺术，是中华民族宝贵的文化财富。今天，汉字艺术在继续向前发展，新的风格、新的表现方式和新的优秀作品不断出现。汉字艺术将继续为中国文化增添更加绚丽的光彩。

《江流有声，断岸千尺》（清代　邓石如）　　《柴门深处》（明代　何震）　　《伯寅藏书》（清代　赵之谦）

《文彭之印》（明代　文彭）　　《敬身》（清代　丁敬）　　《梅花无尽藏》（清代　吴昌硕）

附录：中国历史年代简表

旧石器时代	约170万年前—1万年前
新石器时代	约1万年前—4千年前
夏	公元前2070年—公元前1600年
商	公元前1600年—公元前1046年
西周	公元前1046年—公元前771年
春秋	公元前770年—公元前476年
战国	公元前475年—公元前221年
秦	公元前221年—公元前206年
西汉	公元前206年—公元25年
东汉	公元25年—公元220年
三国	公元220年—公元280年
西晋	公元265年—公元317年
东晋	公元317年—公元420年
南北朝	公元420年—公元589年
隋	公元581年—公元618年
唐	公元618年—公元907年
五代	公元907年—公元960年
北宋	公元960年—公元1127年
南宋	公元1127年—公元1279年
辽	公元907年—公元1125年
金	公元1115年—公元1234年
元	公元1206年—公元1368年
明	公元1368年—公元1644年
清	公元1616年—公元1911年
中华民国	公元1911年—公元1949年
中华人民共和国	公元1949年成立

后 记

　　《中国汉字》是应五洲传播出版社之邀编撰的。本书文字浅显，图文并茂，比较适合中学文化程度以上的国内读者及对中国文化有兴趣的外国朋友阅读。

　　本书以通俗的文字和大量的图画、图片，对博大精深的汉字文化基础知识作一简要的介绍，意在让中外读者朋友通过阅读，在"汉字王国"中做一次轻松而有益的漫游。如能帮助读者朋友对汉字文化有一个初步的了解，产生一些兴趣，进而提高使用汉字的能力，促进汉语言文化学习，我将非常高兴。很希望这本小书能为中外文化的交流起到一点点作用。

　　最后，感谢所有支持我和帮助过我的朋友们，谢谢大家！

韩鉴堂

2008年4月1日子夜

写于天津师范大学校园